KB071211

요즘 초등생을 위한
최소한의 고전수업

요즘 초등생을 위한

최소한의
고전수업

○ 끝까지 파고드는 아이를 위한 초등 6년 독서 로드맵 ○

김민아 지음

청림Life

초등 시기에는
고전을 읽어야 합니다

몇 년간의 코로나 상황은 우리의 생활 전반을 변화시켰습니다. 비대면 서비스가 늘어나고 온라인을 통한 만남이 일상화되었으며 재택근무도 더 이상 특별한 일이 아니게 되었습니다. 온택트 Ontact, 메타버스 같은 새로운 단어가 쏟아져 나오기도 했습니다.

교육 분야 또한 많은 변화를 거쳤습니다. 당연한 줄만 알았던 등교 수업이 미뤄지고 비대면의 새로운 방식이 도입되었습니다. 교사들도 처음 겪는 비대면 수업에서 많은 시행착오를 겪었습니다. 미래의 일이라고만 생각했던 쌍방향 수업을 위해 연수를 들으며 새로운 수업 방식을 배우느라 정신이 없었습니다. 게다가 교사와 학생, 학부모 사이에 논의가 충분히 이루어지지 않은 상황에서 교육과정이 진행되며 서로 오해가 생기기도 했습니다.

코로나로 인해 온라인 수업을 진행하던 시기에 학부모 상담을 진행하며 가장 많이 들었던 말이 스마트폰과 게임 문제, 학습에 대한 우려였습니다. 온라인 수업은 듣는 둥 마는 둥 하면서 틈만 나면 스마트폰을 보고 게임에 빠져 있으니, 그 답답함을 이루 말할 수 없었을 것입니다. 줌 화면을 통해서도 흐트러진 아이들의 자세가 보이는데 직접 그 모습을 보는 부모님의 마음은 오죽할까요.

하지만 이런 상황에서도 두각을 나타내는 아이들이 있습니다. 시간을 운영할 수 있는 능력을 가진 아이들입니다. 내가 무엇을 해야 하는지, 어떤 것을 우선순위로 두고 어떻게 해야 하는지, 내가 이것을 하는 것이 옳은지 판단할 줄 아는 아이들은 이런 혼란스러운 상황에서도 흔들리지 않았습니다. 부모님의 잔소리나 감시만으로는 한계가 있습니다. 스스로 생각하고 행동할 수 있는 능력, 이것이 우리 아이들에게 진짜 필요한 능력이라는 것을 코로나 상황에서 확실히 알 수 있었습니다.

더군다나 요즘은 챗GPT와 뤼튼(한국형 챗GPT) 등이 우리의 삶에 큰 영향을 미치고 있습니다. 챗GPT는 오픈AIOpenAI에서 개발한 대화 전문 인공지능 챗봇으로, 채팅을 하듯이 질문을 하면 답변을 받을 수 있는 시스템입니다. 인간이 학습을 하는 뇌의 과정을 본떠 만든 것으로 현재의 버전은 인간의 뇌와 거의 비슷하다고 하니 놀라울 따름입니다. AI의 이용은 먼 미래의 일이라고 생각했는데, 벌써 우리 생활에 깊숙이 들어온 것입니다. 이제 우리는 이곳저곳을 서핑하지 않아도 챗GPT에게 질문만 정확히 하면 세계 여러 정보와 문헌 자료 속의 정보를 앉은 자리에서 한 번에 얻을 수 있게 되었습니다.

이런 시대에서 단순히 인공지능을 통해 정보를 얻는 것으로 끝나면 될까요? 아닙니다. 여기에 더해 AI 시스템을 이용할 때 어떤 기준과 원칙을 세워야 할지 결정하고, 인간으로서 취해야 할 자세와 행동을 생각하고 실천해야 합니다. 또 각 상황마다 기계를 통제하고 판단할 수 있는 사고력과 판단력을 길러야 합니다. 인간이 아무리 지식을 얻기 위해 애써도 인공지능의 정보 검색 속도와 검색 범위를 능가하긴 어려운 일입니다. 이제는 기계와 다르게 인간만이 할 수 있는 일에 주목해야 합니다.

이렇게 미래 사회에 아이들에게 필요한 능력은 어떻게 기를 수 있을까요? 저는 그 답을 독서에서 찾고 있습니다. 특히 고전은 아이들이 판단의 기준을 명확히 세우는 데 도움을 주는 좋은 도구입니다. 평소에 생각하고 판단하는 연습을 충분히 해야 그

것이 실생활에서 행동으로 이어질 수 있습니다.

어쩌면 고전을 읽어야 한다는 말이 와닿지 않을 수도 있습니다. 하지만 고전 읽기는 느리지만 가장 정확한 방법입니다. 어떤 상황이든 우왕좌왕하기보다는 모든 것의 기본으로 돌아가는 것이 가장 좋다고 봅니다. 나 자신에 대한 고민, 내 행동에 대한 반성, 삶에 대한 통찰이 가능하다면 어떤 상황에서도 현명하게 판단할 수 있습니다.

그렇다면 고전이란 무엇일까요? 고전에 대한 의미가 모호하면 그에 대한 구체적인 생각이 어렵기에, 정확히 살펴볼 필요가 있습니다. 고전의 사전적 의미는 다음과 같습니다.

고전古典: 오랫동안 많은 사람에게 널리 읽히고 모범이 될 만한
문학이나 예술 작품

우리는 아이들이 가치 있는 책을 찾아 읽기를 바랍니다. 하지만 매일 쏟아지는 신간들 속에서 좋은 책을 찾기는 생각보다 쉽지 않습니다. 그렇다고 어느 기관의 추천도서를 읽는 것도 신뢰가 잘 가지 않습니다. 베스트셀러 도서들을 보면, 가벼운 내용이나 만화 위주인 경우가 많아 과연 아이들에게 우선적으로 읽혀

야 할지 고민이 됩니다. 작년에 인기 있던 책들이 금세 순위권에서 없어지고 새로운 책으로 채워지기도 합니다. 이 책들은 다음 해에 또 사라집니다.

수많은 책 속에서 가치 있는 책을 선별하려면 어떻게 해야 할까요? 저는 오랜 기간 인정받은 책들을 '고전'이라 이름 붙이고 읽을 것을 권하고 싶습니다. 10년 이상 두루 읽힌 책이라면 그 가치는 이미 많은 사람에게 인정받았다고 할 수 있지 않을까요? 여기에 이 책이 10년 후에도 지금처럼 많은 사람에게 사랑받을 책이라는 조건까지 갖춘다면 아이들과 읽어 볼 가치는 충분하다고 생각합니다.

특히 빠른 변화를 경험하는 4차 산업혁명 사회에서는 고전의 필요성이 더 크다고 할 수 있습니다. 빠른 변화의 흐름 속에서도 변하지 않는 기본과 기초는 분명 존재합니다. 그 기본과 기초로서 튼튼한 생각의 뿌리를 가진다면 어떤 변화 속에서도 흔들리지 않고 미래를 준비할 수 있습니다.

고전은 시대를 뛰어넘어 인간에게 필요한 질문을 던져 줍니다. 나는 누구인가, 나는 무엇을 꿈꾸는가, 나에게 중요한 것은 무엇인가, 나에게 가족은 어떤 의미인가, 다른 사람과의 관계에서 어떻게 행동해야 하는가, 부모를 어떻게 섬겨야 하는가, 자녀를 어떻게 키워야 하는가 등의 질문처럼 어떤 시대를 살든 필요한 고민에 대한 답을 생각하게 합니다. 바쁘게 살아가는 동안에는 진지하게 생각해 보지 못하는 질문들이지만 실제 우리가 인생을 살아가는 데 가장 중요한 고민들입니다.

우리 아이들이 이런 고민의 기회를 가진다면 앞으로 변화하는 사회를 더 힘차게 나아갈 수 있지 않을까요? 당장 수학과 영어를 공부하기 위해 학원에 가는 것보다 아이들 인생에 더 중요한 근본적인 물음이라 할 수 있습니다.

교실에서 아이들과 함께 고전을 읽었습니다. 우리는 고전 속에서 보물을 발견했고 생각의 씨앗을 하나씩 싹틔웠습니다. 아이들은 이름은 들어 봤지만 읽어 본 적 없었던 책들을 정독하면서 자존감을 키웠습니다. 또한 지적 깨달음뿐만 아니라 내면의 성장을 경험하고 있습니다. 고전에 담긴 보석이 아이들의 마음에도 생긴 셈입니다.

아이들과 진행한 고전 읽기에 대한 경험들을 고스란히 공유하려 합니다. 여러 불안 요소로 혼란스러운 시점에서도 고전의 힘은 강력하다는 것을 전하고 싶습니다. 그리고 이 책이 독자분들에게 아이와 함께 고전 읽기에 도전해 보고 싶다는 강력한 동기부여가 되었으면 하는 바람입니다.

차례

3장   학년별 초등 적기 고전 독서법

4장   효과적으로 고전을 읽는 7가지 방법

1장

그런데 왜
고전을 읽지 못할까

1
고전은 어렵다는
고정관념

✦

조선 후기 서민문화의 발전을 공부하던 5학년 사회 시간, 교과
서에 한글 소설인《홍길동전》의 원문이 사진으로 실려 있었습
니다.

"뭔가 어려운 느낌이에요."

"한글인데 한자 같은 느낌이지?"

"맞아요. 왠지 지루할 것 같아요."

"선생님, 근데 우리 2학기엔 고전을 안 읽네요?"

"우리 최근에도 읽었는데?"

"네?"

아이들은 무슨 이야기인지 모르겠다는 표정이었습니다. 최근에 읽은 책은 《해리엇》과 《마당을 나온 암탉》이었는데 이것이 고전인지에 대한 물음표가 뜬 모양이었습니다. 고전의 의미를 정확히 정의해 봐야 할 것 같아 함께 이야기 나누기 시작했습니다.

"《해리엇》과 《마당을 나온 암탉》은 고전이 아니라고 생각하는구나. 그럼 무엇이 고전일까?"
"오래전부터 전해 오는 좋은 책이요."
"맞아. 그럼 그 오래전은 언제부터일까? 기준이 명확해야 우리가 읽은 책이 고전인지 아닌지 판단할 수 있을 것 같은데"

아이들은 곰곰이 생각하더니 하나둘 자기가 생각하는 것을 말하기 시작했습니다.

"100년이요."
"20년?"
"《마당을 나온 암탉》은 나온 지 20년이 넘었고 《해리엇》은 10년 정도 되었어. 10년, 20년 정도면 꽤 긴 기간인데, 그동안 많은 사람에게 사랑을 받았다면 고전이라고 할 수 있지 않을까?"

고전은 시대를 초월하여 높이 평가되는 문학이나 예술 작품을 뜻합니다. 고전으로 분류되기 위해서는 '시간'과 '가치'라는 두 가지 조건이 모두 필요합니다.

만약 고전에 대한 기준을 '시간'에만 중점적으로 둔다면 별 내용이 없거나 감동을 주지 못하는, 뽀얗게 먼지가 쌓인 오래된 책도 고전이 되어 버리는 오류가 생기게 됩니다. 특히 초등학생들이 고전을 '최소 100년 이상 된 책' 중 가치 있는 책으로 정의하게 되면, 고전을 시대에 뒤떨어진 재미없고 지루한 이야기라고 생각할 수 있습니다.

하지만 고전의 기준에서 '가치'의 비중을 조금 더 늘려 생각한다면, 고전을 더 가깝고 쉽게 느낄 수 있습니다. 너무 먼 이야기가 아니라 가까운 과거에 쓰인 좋은 책이 아이들에게는 더 받아들이기 쉽기 때문입니다. 《해리엇》과 《마당을 나온 암탉》이 그런 책입니다. 이 책들을 옛날 책이 아닌, 오래 사랑받은 재미있는 책으로 받아들일 수 있는 것입니다.

저 또한 고전을 시간적 의미에만 초점을 두고 바라보면서 마음에 거리감을 가지고 있었습니다. 그래서 '고전 읽기 지도'에 대한 것은 엄두도 내지 못했습니다. 고전을 읽으려면 시간이 많이 필요할 것 같았고, 고전은 아이들이 읽기에 어렵다고 생각했습니다. 한자도 많고 옛날이야기일 것 같았습니다. 그냥 아이들이 읽고 싶은 책, 관심 있는 책을 읽게 하면 되지 굳이 고리타분한 옛날 책을 읽힐 필요가 있을까 하는 생각이 들기도 했습니다.

하지만 실제 제가 읽어 보니 지금의 우리에게 도움이 되는 내용이 참 많았습니다. 표현이 섬세할 뿐 아니라 짧은 문장에도 많은 생각이 담겨 있었습니다. 화려하거나 억지로 쥐어짠 감동이 아니라 깊이 있는 문장으로 담담하게 서술되어 있었습니다. 함축된 의미가 많아 글을 읽으면서 생각을 해야 했고 '나'에 대해 고민하게 되었습니다. 고전은 공자, 맹자, 소크라테스, 니체 같은 수준 높은 철학자, 사상가의 뜬구름 같은 이야기가 아니라 실제 내 삶의 이야기였습니다. 그때 아이들과 꼭 같이 고전을 읽어야겠다는 결심이 들었습니다.

또한, 기준의 중심을 '가치'로 조금 더 옮기니 고전이 더 이상 지루한 책들로 보이지 않았습니다. 제가 어렵다고 생각했던, 한자가 가득한 고전들은 고전의 극히 일부일 뿐이었습니다. 꼭《명심보감》《사자소학》이 아니더라도 가까운 과거의 책 중에 아이들에게 생각거리를 던져 주는 책들은 얼마든지 있었습니다. 최소 10년 정도 많은 사람에게 사랑받은 책이라면 고전으로서 시간의 기준은 충족했다고 봅니다. 이런 책들이 앞으로도 10년 이상 사랑받을 책인지 한 번 더 생각해 본다면 읽을 만한 고전인지 아닌지 구분하기 조금은 쉬워집니다.

고전은 목적이 아닌 수단입니다. 단순히 읽기 위한 글이 아니라, 읽음으로써 무언가를 얻을 수 있는 글입니다. 우리가 고전을 통해 얻을 수 있는 것은 '생각거리'입니다. 나보다 지혜로운 사람의 생각, 나와 비슷한 사람의 생각, 나보다 어리석은 사람의 생각을 이해하고 '나는 누구인가' '어떻게 살 것인가'에 대해 생각해 보는 것이 제대로 된 고전 읽기입니다. 그리고 이야기 속의 모습이 현실과 어떤 관련이 있는지 살피고 '이런 상황이 실제로 어떻게 나타날 수 있을까?' '나라면 어떻게 할 것인가?'에 대해 곰곰이 생각해 볼 수 있습니다.

이렇듯 생각거리를 얻는 것이 고전의 중요한 가치라면, 고전이 얼마나 우리의 생각과 행동을 변화시킬 수 있느냐도 중요한 문제입니다. 그런 내용을 담고 있으면서 10년 이상 사람들에게 인정받았다면 고전으로 분류할 만하다고 할 수 있습니다.

"우와. 우리가 읽은 책들이 다 고전이네요."

"맞아. 매일 새로운 책이 쏟아져 나오는 상황에서 10년이나 사랑받은 책이라면 그 책은 이미 많은 사람에게 좋은 책이라고 평가받은 거야. 우리가《해리엇》과《마당을 나온 암탉》을 읽으면서 생각도 많이 하고 친구들과 의견도 나눴잖아. 고전으로서 충분한 책들이라고 할 수 있지. 앞으로도 이런 책을 많이 읽자."

고전의 의미를 명확히 하고 나니 아이들의 고전에 대한 경계가 느슨해지는 것이 느껴졌습니다. 교실 뒤 책장에서 아이들은 고전을 구분하기 시작했습니다. 이게 고전인지 아닌지 서로 논쟁을 벌이기도 했습니다. 고전에 대한 마음의 빗장을 풀고, 많은 이에게 사랑받은 가치 있는 책이 무엇인지 생각해 보는 변화가 뿌듯하고 기특했습니다.

아이들은 어른들의 말에서 생각을 느끼고, 보이지 않게 그 말과 닮아 갑니다. 어른들, 특히 아이를 대하는 부모와 교사는 내 생각과 마음이 아이들에게 그대로 전달될 수 있다는 점을 꼭 기억해야 합니다. 고전이 어렵다는 인식, 고전은 한자가 많고 배경지식이 없으면 읽기 어려운 책이라는 고정관념, 고전이 요즘 세상에 과연 맞을까 하는 의심, 고전 읽을 시간에 수학 문제를 더

푸는 게 나을 것 같다는 불안감 등의 부정적인 생각들은 어른들을 고전에서 멀어지게 할 뿐만 아니라 우리 아이들도 고전 읽기에서 멀어지게 합니다.

고전을 한자가 가득한, 또는 유명한 철학자가 인생을 논하는 어려운 책으로만 한정 짓지 맙시다. 고전을 어렵게 여기는 순간 아이는 고전 읽기와 멀어지게 됩니다. 그리고 부모와 교사가 지레 고전에 대한 막연한 두려움을 느낀다면 아이에게 적극적으로 권하기도 쉽지 않습니다. 고전의 범위를 조금 더 열고 바라보면 좋겠습니다. 아이들이 쉽고 재미있게 읽을 수 있는 고전부터 시작합시다. 아이들에게 자신과 인생에 대한 생각거리를 던져주는 책이라면 고전으로서의 가치는 충분합니다.

2
초등 시기는 고전을 읽기에는 이르다는 편견

요즘 인문학에 대한 관심이 지대합니다. 니체, 쇼펜하우어 같은 철학자와 관련된 책들이 큰 인기를 끌고 있기도 합니다. 시시각각 빠르게 변화하는 사회에서 갑자기 인문학에 관심을 가지는 이유는 무엇일까요? 과학기술의 발달로 몸은 편해졌지만 마음은 불안하고 불편한 사람들의 위기의식 때문이 아닐까 싶습니다. 현대 문명의 위기에 대한 본질적인 해결 방법이 인문학에 있기 때문에 우리는 본능적으로 인문학에 관심을 가지는 것입니다.

인문이란 '인간과 인간의 근원 문제 및 인간의 사상과 문화'를 말합니다(인문학 및 인문정신문화의 진흥에 관한 법률). 이를 다루는 학문을 '인문학人文學'이라고 하며 영어로는 Arts(아츠), Liberal

Arts(리버럴 아츠), Humanities(휴머니티스) 등으로 부릅니다. 이를 집중적으로 연구하는 학교를 리버럴아츠대학이라고 하는데 미국에 여러 곳이 있습니다.

우리나라에도 인문학에 관심을 가지는 대학이 몇 군데 있습니다. 서울대, 연세대, 성균관대, 가천대 등입니다. 인간에 대한 탐구를 지향하는 인문학의 중심에는 고전이 있기에, 이들 대학에서는 인문학 독서를 위해 자체적으로 고전 리스트를 선정합니다. 각 학교의 대학생들에게 고전을 읽도록 여러 가지 시스템을 마련하고 고전 읽기와 토론을 독려하기도 합니다. 우리나라를 비롯한 세계의 여러 대학이 인문학에 주목하는 이유는 인문학의 필요성과 가치를 인정하기 때문입니다.

그렇다면 인문학은 대학에서만 배울 수 있는 것일까요? 수준이 높아 성인이 된 후에나 이해할 수 있는 어려운 것일까요? 일부는 맞고 일부는 틀립니다. 고전은 책에 따라 난이도가 다릅니다. 초등학생 수준에서 읽을 수 있는 고전이 있고 성인이 되어야 내용을 이해할 수 있는 고전도 있습니다. 니콜로 마키아벨리의 《군주론》, 노자의 《도덕경》쯤을 읽어야만 고전을 읽는 것은 아닙니다. 책에 따라 초등학생도 충분히 읽을 수 있는 고전도 있습니다.

그럼에도 불구하고 초등학생 때부터 고전을 읽는 것에 대한 우려의 목소리가 있습니다. 어린아이들에게 고전을 읽게 하는 것이 책 읽기에 대한 부담을 줄 수 있다는 것입니다. 이는 고전에 대한 고정관념에 기인합니다. 고전을 하나같이 지루하고 재미없으며 어려운 한자와 외국어가 가득한 책이라고 생각하는 것입니다. 하지만 그렇게 생각하는 사람 치고 고전을 제대로 읽어 본 사람은 별로 없습니다.

고전을 읽지 않는 사람들이 가지고 있는 생각은 근거 없는 고정관념일 뿐입니다. 아직 가 보지 않은 곳에 대해 위험할 것이라 생각하고 지레 겁먹는 것과 같습니다. 실제 고전을 읽어 본 사람들은 고전이 재미있고 매력 있다고 말합니다. 생각보다 어렵지 않다고 느끼기도 하고, 삶의 근원적인 문제에 대해 질문을 던져 주는 책을 만나 행복해하기도 합니다. 막연히 어려울 것 같다는 생각에 아이들이 읽을 기회조차 주지 않는 것은 잘못된 일입니다.

또 고전이 초등학생들에게 필요한 이야기를 다루고 있지 않아서 아직은 읽지 않아도 된다는 목소리도 있습니다. 정말 필요하지 않은 이야기일까요? 고전은 우리가 살면서 겪는 모든 감정과 희로애락을 담고 있습니다. 물론 고전에 대한 깊이 있는 공감은 성인이 되어서 많은 경험을 했을 때 더 진하게 느낄 수 있겠지만, 아이의 수준에서도 고전 속 다양한 삶을 보며 자신이 앞으로 어떤 생각으로 어떻게 살아가야 할지에 대해 고민하는 의미 있는 시간을 가질 수 있습니다.

과거에 있었던 일은 현재에도, 미래에도 일어납니다. 인간사는 달라질 것 같지만 신기하게도 반복되고 또 반복됩니다. 시대가 변해도 인간의 본성은 변하지 않고 인간관계에서도 비슷한 문제가 발생하곤 합니다. 그렇기 때문에 아이들이 미래에 일어날 일을 대비하여 과거를 읽고, 이해하고, 생각해 보는 것은 중요합니다. 그러한 점에서 고전은 초등학생들에게 꼭 필요한 내용을 다룬다고 할 수 있습니다.

고전이 오랜 세월을 살아남아 이 자리에 존재하는 이유는 재미있고 매력 있기 때문입니다. 아이들과 함께 고전을 읽으며 그 재미와 감동을 초등학생들도 똑같이 느낀다는 것을 알고 신기했습니다. 비단 독서력이 좋은 아이들만의 일이 아닙니다.

저는 평소 책에 대해 아이들의 관심을 끌기 위해 '책상에 올려 놓고 노출시키기' 전략을 사용합니다. 제가 읽고 있는 책, 아이들이 읽었으면 하는 책을 일부러 제 책상 위에 올려 놓습니다. 아이들은 선생님의 모든 것에 관심을 갖기 때문에 효과가 꽤 좋습니다.

"선생님, 이거 재미있어요?"
"선생님, 저 이거 읽어 봐도 돼요?"

기다렸던 반응이 오면 책을 건넵니다. 아이들은 선생님과 같은 책을 읽는 것만으로 크게 동기부여가 됩니다. 거기에 누군가 읽고 나서 재미있다, 좋다는 반응을 하면 그 책의 다음 순서가 줄줄이 생깁니다. 우리가 물건을 살 때 후기를 보고 사듯 아이들도 친구들의 반응을 보면 읽고 싶은 생각이 마구 솟아납니다.

이런 책 중 하나가 어니스트 톰프슨 시튼의 《시튼 동물기》입니다. 제가 책상 위에 두자 한 남자아이가 다가와 관심을 보였습니다. 이 아이는 평소 책을 거의 읽지 않는 아이였고 수업 시간에도 항상 졸린 눈으로 딴생각을 하곤 했기 때문에 내심 읽을 수 있을지 의심이 들었습니다. 며칠 뒤 아이는 그 책을 다 읽었는데 너무 재미있었다며 도서관에 다음 편을 빌리러 간다고 했습니다.

물론 갑자기 책을 좋아하게 되거나 독서력이 급상승하여 고전을 사랑하게 되지는 않습니다. 하지만 고전을 읽으며 '책이 재미있구나' '내가 이런 상황이라면 어떻게 해야 할까?' 생각하고 책에 조금씩 빠지는 아이들이 여럿 생겼다는 점에서 큰 수확이었습니다. 평소 독서를 거의 하지 않는 아이들에게도 이런 반응을 얻어 냈으니 고전은 많은 초등학생에게 충분히 독서 가능한 영역이라고 할 수 있습니다.

그럼에도 불구하고 초등학생들이 이해하기 어려운 수준의 고전이나 아이들이 읽기에 표현의 수위가 높은 책들이 있는 것도 사실입니다. 고전의 종류는 매우 방대하고 다양하니 그중 아이들이 쉽고 재미있게 읽을 수 있는 책부터 접근하면 될 것입니다.

어린 시절부터 고전 교육을 행한 사례는 많습니다. 특히 존 스튜어트 밀의 어린 시절 이야기는 우리에게 귀감이 됩니다. 밀은 19세기 영국의 철학자이자 경제학자, 정치인입니다. 주로 아버지에게 교육을 받았는데 아버지는 아들에게 특별한 독서교육을 했다고 합니다. 바로 '고전 읽기'입니다.

그는 자서전에서 어린 시절 아버지의 고전 독서교육 덕분에 자신이 남들보다 더 앞서갈 수 있었다고 말했습니다. 밀이 원래 특별한 사람이었던 것은 아니냐고요? 아닙니다. 스튜어트 밀은 평범한 지적 능력을 가진 사람이었다고 합니다. 다른 부모들이 쉽게 하지 못하는 고전 독서교육을 시도한 덕분에 아버지는 아들을 특별한 사람으로 만들 수 있었던 것입니다. 밀은 훗날 《자유론》이라는 유명한 고전을 쓰게 됩니다. 우리는 고전 교육으로 특별해진 밀의 이야기에 주목하고, 우리 아이들에게 어떻게 고전을 읽게 할 수 있을지 고민해야 합니다.

아이가 자신의 레이스에서 주인공으로서 즐겁게 뛰도록 하고 싶으신가요? 아이의 출발선을 앞으로 당기기는 어렵습니다. 하지만 아이가 지치지 않고 뛸 수 있도록 튼튼한 신발을 신겨 줄 수는 있습니다. 평범한 아이를 특별하고 단단한 아이로 키울 수 있는 방법이 고전에 있음을 여러 사례가 증명하고 있습니다. 초등학생의 고전 읽기, 충분히 가능합니다. 아이들이 관심을 가지는 분야, 재미있어하는 분야의 고전부터 차근차근 시작해 봅시다. 고전을 읽으며 벌어지는 아이의 눈부신 성장을 놓치지 마세요.

3

어린이용 고전은
진짜 고전이 아니다?

✦

"엄마, 이게 진짜 같은 책이야?"

여덟 살인 제 아이가 그림책 전집 중 《오즈의 마법사》를 읽고 있을 때였습니다. 제가 가지고 있는 《오즈의 마법사》 완역본 책을 보더니 아이가 깜짝 놀랐습니다. 책의 두께와 느낌이 자신의 것과 많이 차이가 났기 때문입니다.

저 또한 깜짝 놀랐습니다. 그림책 《오즈의 마법사》는 원작과 내용이 많이 달랐습니다. 어린아이를 대상으로 한 책이기에 글자 수와 지면의 한계가 있으므로 원전보다 많이 축소되고 생략된 것은 이해하지만 그러다 보니 기존 명작의 묘미를 제대로 살리지는 못하고 있었습니다. 그림책이 아닌 어린이용 명작동화도 마찬가지입니다. 글밥이 그림책보다는 많지만 원작의 내용에서 많은 부분 축소되어 원작에서 느낄 수 있는 감동이 반감되었습니다.

초등 저학년용	초등 중학년용	초등 고학년용
(넥서스주니어)	(은하수미디어)	(비룡소)

어린이용 고전은 진짜 고전이 아니라는 의견에 동의합니다. 원작과 어린이용 고전으로 나온 책을 비교하는 것은 의미가 없습니다. 아무리 잘 번역하고 원작의 참뜻을 훼손하지 않기 위해 열심히 다듬어도 어린이용 고전은 원작으로 보일 수가 없습니다.

어떤 나무가 멋있어 보이는 것은 나무의 큰 기둥 줄기 덕분이 아니라, 거기에서 뻗어 있는 수많은 잔가지와 줄기의 전체적인 균형 덕분입니다. 기둥 줄기만 남은 나무를 생각해 보세요. 원래 나무의 멋이 느껴질까요? 고전도 마찬가지입니다. 어린이용 고전은 큰 줄기는 보존하되 잔가지를 쳐내어 단순하게 바꾼 것이기 때문에 원전의 재미를 느끼는 데 한계가 있습니다.

가장 좋은 것은 원전을 읽는 것입니다. 원전보다 작가의 문체와 내용의 매력을 온전히 보여 줄 수 있는 것은 없습니다. 아이들도 읽기 수준에 맞는 원전을 읽는 것이 좋습니다. 앙투안 드 생텍쥐페리의 《어린 왕자》, 허균의 《홍길동전》, 안네 프랑크의 《안네의 일기》 등은 초등학생들도 충분히 원전으로 재미와 감동을 느낄 수 있습니다. 읽는 것이 가능하다면 당연히 원전을 읽는 것이 맞습니다.

하지만 그럼에도 불구하고 저는 아이들이 어린이용 고전을 읽는 것에 찬성합니다. 원전은 어른이 읽기에도 어려울 때가 있습니다. 그런데 아이들에게 그런 고전을 읽으라고 하면 과연 읽을 수 있을까요? 몇 줄 읽다가, 혹은 두께를 보고 지레 겁먹고 나동그라질 것입니다. 토머스 모어의 《유토피아》, 올더스 헉슬리의 《멋진 신세계》와 같은 원전은 아직 초등학생들이 읽기에 어려운 책입니다. 만약 이런 원전을 억지로 읽힌다면 고전에 흥미를 잃고 책에 대한 부정적인 감정까지 느끼게 될 것입니다. 어른에게도 어려운 일을 초등학생에게 기대하는 것은 무리입니다.

어린이에게는 어린이의 수준에 맞는 고전이 필요합니다.

아이들의 독서 인생은 장기 레이스입니다. 평생을 읽고 쓰고 생각하는 삶을 살아야 할 존재입니다. 그런데 가끔 우리의 목표가 너무 단기적인 것은 아닌지 우려될 때가 있습니다. 독서교육도 단기적인 목표를 이루기 위한 시도일 때가 많습니다. 하지만 아이들이 앞으로도 책을 계속 읽으며 가치 있는 고전의 바다를 헤엄칠 것이라는 장기적인 목표가 있다면, 원전을 읽는 것은 초등학생 시기에 당장 급한 일이 아니게 됩니다.

초등학교 시기는 어떤 종류의 책이 나에게 흥미로운지 탐색하는 기간입니다. 내가 탐험 이야기를 좋아하는지, 판타지를 좋아하는지, 사실에 입각한 역사 소설을 좋아하는지, 일상생활을 되돌아볼 수 있는 인문고전을 좋아하는지 등 나의 기호를 알아내는 것만으로도 큰 수확입니다. 진로교육에서도 초등학교 시기는 탐색기로 분류합니다. 고전 읽기도 평생의 벗으로 함께할 고전 중 어떤 것을 선택하면 좋을지 심사숙고하는 의미에서 어린이용 고전을 워밍업 버전으로 활용하면 어떨까요?

여기에서 꼭 기억해야 할 것이 있습니다. 아이들이 어린이용 고전을 읽는 이유는 거기에서 그치는 것이 아니라 원전 읽기를 위한 준비라는 점입니다. 이를 꼭 아이들에게도 적극적으로 이야기해야 합니다. 저는 제 아이가《오즈의 마법사》그림책을 읽을 때 일부러 그다음 수준의 어린이용 버전과 완역본을 함께 보여 주었습니다. 읽기의 목표를 눈으로 확인시키는 것입니다.

눈으로 보면 훨씬 기억에 남고 마음에도 와닿습니다. 아이들은 이 세 권을 비교하며 내가 지금 읽고 있는 책이 완역본을 읽기 위한 첫 단계라는 것을 알게 됩니다. 어린이용 고전을 읽을 때 목표가 되는 완역본 책을 함께 보여 주는 것을 추천합니다. 목표가 더 멀고 높은 곳에 있다는 것을 눈으로 확인하면 아이들은 더 역동적으로 움직일 것입니다.

학교에서 아이들과 고전을 읽을 때도 같은 방법을 적용했습니다. 아이들과 어린이용 버전의 고전을 읽을 때 완역본 책을 보여 주었습니다. 그냥 어린이용 고전만 읽는 것과 원전과 비교하여 본 뒤 어린이용 고전을 읽는 것은 다릅니다. 아이들은 누가 시키지 않아도 마음속에 원전에 도전해 보고 싶다는 마음을 갖게 됩니다.

아침 독서 시간에《만화 삼국지》시리즈를 읽고 있는 아이가 있었습니다. 제가 그 시리즈를 훑어 보니《삼국지》완역본에서 느낄 수 있는 인물의 매력이나 이야기 속 깨달음이 많이 줄어들어 있었습니다. 그럼에도 그 아이는 자신이 읽은 가장 재미있는 책으로《만화 삼국지》를 꼽았습니다. 그 아이에게《삼국지》완역본이 있다는 사실을 알려 주고 싶어 학교 도서관에 갔습니다. 마침《삼국지》완역본 전집이 있어 빌려 왔고 아침 시간에 그 책을 보여 주었습니다. 아이는 자신이 읽고 있는《만화 삼국지》와 비교한 뒤,《만화 삼국지》를 다 읽고 제가 가지고 있는《삼국지》를 읽고 싶다고 말했습니다.《삼국지》완역본을 보여 주지 않았다면 아이의 독서는《만화 삼국지》에서 그쳤을 것입니다.

어린이용 고전은 아이들이 원전을 읽는 데 든든한 받침대가 될 수 있습니다. 그리고 최고의 스포일러 역할을 해 줍니다. 영화 예고편을 보고 눈길을 끄는 영화를 선택해서 감상하듯 아이들은 자신이 읽은 어린이용 고전 중 재미있는 책이 있으면 원전도 읽어 보고 싶은 욕심을 내게 됩니다. 어린이용 고전은 아이들이 다양한 고전을 접할 수 있다는 면에서 두루 보는 것을 추천합니다.

내가 진짜 읽고 싶은 고전을 고르기 위한 탐색 도구로 어린이용 고전을 이용하면 어떨까요? 어린이용 고전을 읽고 줄거리에 대해 어느 정도 안다는 사실만으로도 아이들은 고전 완역본에 조금 더 편안한 마음으로 다가갈 것입니다.

2장

요즘 초등생이
반드시 고전을
읽어야 하는
이유 8가지

1
메타인지를
키워 준다

✦

요즘 교육계에서 메타인지는 핫한 주제입니다. 메타인지는 '인지 위의 인지'라는 뜻으로, 우리의 인지를 객관적인 시선으로 살펴보는 것을 말합니다. 한 발자국 떨어져서 나의 인지 과정을 바라볼 때 우리는 잘된 부분과 잘못된 부분, 아는 부분과 모르는 부분을 파악하게 됩니다. 그러면 잘못된 부분을 고치고 모르는 것을 다시 알아 갈 수 있습니다. 즉 메타인지가 발달하면 나에 대해 객관적으로 판단할 수 있기 때문에 그에 따른 정확한 처방이 가능해집니다.

메타인지는 학습에 매우 중요한 능력입니다. 메타인지가 발달한 학생들은 자신의 학습을 스스로 조절하여 자기주도학습을 해 나갈 수 있습니다. 자신의 현재 상태를 정확히 파악하고 부족한 학습을 스스로 채울 수 있기 때문입니다. 네덜란드 라이덴대학의 베엔만 교수의 연구에 따르면, 성적에 영향을 미치는 변수가 IQ는 25% 정도인데 반해 메타인지는 40%까지 작용한다고 합니다. 학창 시절, 주변에 공부 시간에 비해 성적이 좋은 친구를 보신 적이 있나요? 그런 학생들이 바로 나에게 필요한 공부를 효율적으로 할 수 있는 메타인지가 발달한 아이였던 것입니다.

메타인지는 공부에만 국한된 개념이 아닙니다. 우리의 생활 전반에 영향을 미치는 보다 넓은 개념입니다. 나의 인지와 행동을 돌아보고 바람직한 방향으로 나아가기 위해 스스로 생각과 행동을 수정해 나가는 것이 '메타인지 작용'이라 할 수 있습니다.

최근 주목받는 주제인 메타인지는 요즘 등장한 것이 아닙니다. 이 메타인지의 중요성은 이미 약 1,000여 년 전 발간된《논어》에 기록되어 있습니다.

子曰, 由! (자왈, 유!)

誨女知之乎 (회여지지호)

知之爲知之 (지지위지지)

不知爲不知, 是知也. (부지위부지, 시지야.)

공자가 말했다. 유由야!

앎에 대해 가르쳐 주겠다.

아는 것을 안다고 하고

모르는 것을 모른다고 하는 것이 진짜 아는 것이다.

_《논어》, 〈위정편爲政篇〉

이렇게 오래전에 배움의 본질을 이미 알고 있었다는 것이 신기할 따름입니다. 《논어》가 수 세기에 걸쳐 많은 사람에게 읽히며 영향을 미치고 있는 이유일 것입니다.

소크라테스 또한 메타인지의 의미가 담긴 이야기를 했습니다. 소크라테스는 자신의 앎에 대해 끊임없이 의심했으며 "내가 유일하게 아는 것은 내가 아무것도 모른다는 것이다"라는 말을 남기기도 했습니다. "너 자신을 알라"라는 말 또한 소크라테스의 유명한 명언입니다. 이 모든 것이 자신에 대해 정확히 인지하고 객관적으로 바라볼 수 있어야 한다는 것을 의미합니다. 메타인지와 일맥상통합니다.

다행히 메타인지는 선천적이기보다는 후천적으로 갖춰질 수 있다고 합니다. 그렇다면 어떻게 해야 메타인지를 키울 수 있을까요? 먼저 자신에 대해 스스로 생각하는 기회를 가져야 합니다.

여기에 독서와 글쓰기는 큰 도움이 됩니다. 우리는 책을 읽으며 자신의 삶을 들여다보게 되고 끊임없이 책의 내용과 자신을 연결해 봅니다. 또 머릿속의 두루뭉술한 생각은 글쓰기를 통해 명확해지면서 객관적으로 살펴볼 수 있게 됩니다.

그러므로 책을 읽고 생각을 정리하는 연습을 꾸준히 해야 합니다. 좋은 책은 우리의 삶에 깨우침을 주는 문학적인 가치가 높은 책입니다. 그래서 저는 아이들과 '내 삶을 좋은 책과 연결하는 연습'을 하기 위해 '고리 프로젝트'를 시작했습니다. 고리 프로젝트는 '고전 리딩 프로젝트'를 의미합니다. 그리고 '책과 나를 고리로 연결한다'는 의미를 가지고 있기도 합니다. 이 프로젝트에서 고른 책이 바로《사자소학》《명심보감》《논어》입니다. 학년에 따라 난이도에 맞게 책을 선택했으며, 상황에 따라 각 내용을 발췌해서 아이들과 함께 익히고 생각을 정리했습니다.

먼저 저학년 아이들과 함께 읽은《사자소학》을 소개하겠습니다.《사자소학》은 부모, 어른, 친구, 형제자매, 자신에 대해 생각해 볼 수 있는 글로 이루어져 있습니다. 습관을 형성하는 첫 단계에 있는 저학년 아이들에게 참 좋은 책입니다. 물론 한자로 쓰여 있어 어렵게 느껴질 수 있으나 한자보다는 글의 의미를 이해하고 이를 내 삶에 연결해 보는 것이 중요하기 때문에, 의미에 중점을 두어 읽으면 충분히 저학년도 함께 읽기가 가능합니다.

'의미를 이해할 수 있을까' 의문을 품은 적도 있지만 사례를 들어 의미를 설명해 주면서 하나씩 가르쳤습니다. 처음에는 눈에 보이는 변화가 느껴지지 않았지만, 아이들에게 어느 한 문구라도 영향을 미칠 수 있다는 생각으로 꾸준히 했습니다. 그러던 어느 날 아이들이 《사자소학》 속 문구를 기억하고 이야기하는 일이 하나씩 생겨났습니다.

1학년 2학기 국어 시간이었습니다. 답이 '친구는 소중하다'인 문제가 있었습니다. 그러자 한 아이가 이렇게 말했습니다.

"선생님, 이거 보니까 《사자소학》 할 때 '사람으로 태어나서 친구가 없을 수 없다'를 배웠던 것이 생각나요."

이 아이의 말이 끝나자 다른 아이들도 생각난다며 《사자소학》 이야기를 하기 시작했습니다. 친구 간에 다툼이 있을 때도 아이들끼리 《사자소학》에서 배운 친구의 소중함을 서로 이야기해 주는 모습을 보자 아이들의 생각과 삶이 변화하고 있다는 확신을 갖게 되었습니다.

학부모 상담에서도 아이들의 변화를 느낄 수 있었습니다. 아이가 먼저 밥을 먹으려고 숟가락을 들었다가 내려놓더니 "먼저 드세요"라고 했다는 것입니다. 스스로 자신의 생각과 행동을 살펴보고 반성할 부분을 찾아 고쳐 나가려 노력하는 모습 또한 메타인지의 작동입니다.

중고학년과 함께 읽은 《명심보감》도 아이들을 변화시킨 좋은 책이었습니다. '명심보감明心寶鑑'의 뜻은 '마음을 밝히는 보배로운 거울'입니다. 이름처럼 《명심보감》을 읽으면 내 삶을 거울에 비춰 보는 느낌이 듭니다. '나는 잘하고 있는가?' 반성하게 되고 '그렇다면 앞으로 나는 어떻게 해야 할까?' 고민하게 됩니다. 길지 않기 때문에 하루에 한두 문장씩 따라 쓰고 생각을 정리하기 좋습니다. 어른인 저조차 《명심보감》을 쓰면서 일상생활에서 부모님께 어떻게 해야 하는지, 주변 사람들과 나 자신에게 어떤 잣대를 가지고 있어야 하는지 배울 수 있었습니다. 아이들도 《명심보감》을 읽고 쓰며 자연스럽게 마음속에 잣대를 하나씩 세우게 될 것입니다.

메타인지가 아는 것과 모르는 것, 잘하는 것과 잘하지 못하는 것을 구분하는 것이라고 했을 때, 이를 구분하기 위해 중요한 것은 바로 '기준'입니다. 바르고 튼튼한 기준을 세울 수 있는 책이라면 그것이야말로 가치 있는 책이 아닐까요?

아버지가 부르시면 주저하지 않고 달려가야 한다.

만약 입에 먹을 것이 있으면 뱉고 가야 한다.

《명심보감》의 이 문구를 읽고 쓰면서, 한 아이는 그동안 어른이 부르실 때 자기가 하던 일에 열중했던 자신의 모습을 떠올렸습니다. 그 이후에는 이전보다 어른의 말에 빠르게 대답하려는 모습을 보였습니다. 아이의 머릿속에서 《명심보감》의 한 문구가 자리 잡아 옳고 그름을 판단해 준 것입니다.

《논어》도 마찬가지입니다. 초등 중고학년이 익히기 좋은 《논어》의 글들은 자연스럽게 생각과 행동에 대한 기준을 세워 줍니다. 그 기준은 자신의 삶을 돌아보면서 자신에 대해 한 발자국 떨어져 객관적으로 바라보고 평가할 수 있는 메타인지로 발전해 갈 것입니다.

기준이 없을 때 우리는 흔들리고 주관적으로 판단하게 됩니다. 하지만 기준이 명료하고 확실하게 자리 잡고 있다면 객관적인 판단이 가능해집니다. 아이들에게 스스로 문제를 파악하고 해결해 나갈 줄 아는 객관적인 시선과 통찰을 길러 주는 것은 매우 중요합니다. 따라서 여기에 작동하는 메타인지를 키우기 위한 노력이 필요합니다. 메타인지는 연습과 반복으로 발달시킬 수 있습니다.

아이들이 고전을 읽으며 스스로 기준을 세우고 판단해 나가는 모습을 보았습니다. 앞으로도 많은 아이가 고전 속에서 길을 찾고, 인지를 넘어 고차원적으로 생각하는 기술을 가지고 자신의 삶을 경영해 나가길 바랍니다.

2
고전은
다양한 어휘의 보고다

♦

① 점령, 정박, 야생, 종족, 공중제비, 압도

② 아스라하게, 탕진, 첩첩산중, 갉아먹다, 융숭하게

③ 계책, 곤봉, 뱃전, 설욕전, 연신, 정당방위

위 단어들은 어떤 상황에서 사용하는 말일까요? 아이들이 이 단어들의 뜻을 알고 있을까요? 일상생활에서 자주 사용하는 단어가 아니기 때문에 모르는 아이들이 많을 것입니다. 우리가 평소 사용하는 단어들은 한정되어 있습니다. 일상이 매일 비슷하기 때문에 그 속에서 누군가와 나누는 대화도 크게 다르지는 않습니다.

하지만 우리는 우리가 사용하는 언어를 통해 세상을 봅니다. 내가 아는 언어만큼 세상을 넓고 깊게 이해할 수 있습니다. 이슬람교 경전인《코란》이 눈앞에 있어도 이슬람어를 모른다면《코란》은 가벼운 외국어 소설과 다르지 않게 보일 것입니다. 일론 머스크와 마주 앉아 있어도 영어를 알아듣지 못한다면 그의 생각을 조금도 이해할 수 없을 것입니다.

또 내가 아는 단어의 폭이 넓고 다양해야 내 생각을 마음껏 표현할 수 있습니다. 무언가를 전하고 싶은데 적절한 단어를 고르지 못해 주저한다면 그만큼 표현에서의 제약도 많아집니다. 이처럼 어휘력은 세상을 이해하고 표현하는 필수적인 능력이자 우리가 세상을 인식하는 매우 중요한 도구입니다.

어휘력을 키울 수 있는 방법은 내가 모르는 어휘, 평상시 자주 사용하지 않는 어휘 등을 접할 기회를 가지는 것입니다. 가장 좋은 것이 '독서'입니다. 특히 문학적으로 인정받거나 오랜 세월 사람들에게 사랑받아 온 다양한 고전을 읽으면 작가의 문체 속에서 수준 높은 어휘를 자연스럽게 배울 수 있습니다. 앞서 제시한 어휘들처럼 말입니다. ①, ②, ③의 어휘들이 어떤 고전에 나온 것인지 맞혀 볼까요?

①은《시튼 동물기》, ②는《아라비안나이트》, ③은《노인과

바다》에 나오는 어휘들입니다. 고전에서 사용된 어휘들이 일상 생활에서 사용하는 어휘들보다 다양하고 수준이 높음을 확인할 수 있습니다.

고전은 오래된 이야기이므로 미래를 살아갈 아이들이 사용하는 언어와 동떨어진 어휘가 많을 거라고 생각하면 큰 오산입니다. 고전은 분야가 아주 다양합니다. 문학, 철학, 수학, 과학, 예술 등 다양한 분야의 어휘를 고전에서 만날 수 있습니다. 거기다 고전의 작가들은 한 분야의 전문가가 아니라 여러 분야의 전문가인 경우가 많습니다. 예를 들어《어린 왕자》의 작가 생텍쥐페리는 비행사이면서 작가였고,《난중일기》를 쓴 이순신은 무신武臣으로서 자신의 고뇌를 담은 일기를 남겼습니다. 또 장 자크 루소는 음악가이자 사상가로서《사회계약론》과《에밀》을 남겼고, 수학자이자 과학자였던 르네 데카르트는 철학서인《방법서설》을 남겼습니다.

다른 분야의 직업을 가졌던 사람들이 문학 작품이나 철학서를 쓴다는 것이 신기하기도 하고 대단하기도 합니다. 모든 작품에는 작가의 삶과 생각이 녹아 있을 수밖에 없기에 작가가 어떤 일을 했는지, 어떤 경험을 하며 삶을 살아왔는지는 작품을 해석할 때 중요합니다. 작가가 여러 분야를 아우르며 책을 쓴다면 그 속에 다양한 분야의 어휘들이 담기게 됩니다. 이렇게 다른 영역을 넘나드는 작가의 통찰이 담긴 책으로서 고전은 어휘를 익히는 데 최고의 장場이 됩니다.

이때 어휘 공부 방법을 알면 조금 더 체계적으로 접근할 수 있습니다. 아이들이 책을 읽다가 어휘의 뜻을 물어보면 바로 알려 주지 마세요. 단어들의 뜻이 무엇인지 정확히 알지 못해도 읽으면서 앞뒤 문맥으로 아이들은 어휘들의 의미를 추리해 갑니다. 스스로 찾는 과정에서 사고력이 생기고 어휘에 대한 감각이 생깁니다. 사전도 바로 찾도록 하지 마세요. 모르는 어휘를 찾기 위해 읽기를 중단하고 매번 사전을 찾기는 어렵습니다. 스스로 의미를 유추해 본 뒤 자신의 예상과 정답을 확인하는 차원에서 사전을 활용하는 것이 좋습니다.

이야기 속에서 자연스럽게 뜻을 유추하는 것이 가장 좋은 방법이라고 봅니다. 이야기의 흐름을 이해하고 있으면 어휘의 뜻을 예상할 수 있는데, 사전으로만 해결하려고 하면 스스로 예상해 보는 시간을 가질 수 없습니다. 어휘의 뜻을 정확히 모르더라도 자신이 알고 있는 다른 어휘로 바꿔 가며 이해한다면 낯설었던 어휘들이 점점 익숙해지고 뜻도 정교하게 파악할 수 있게 됩니다.

귀로는 남의 그릇됨을 듣지 않고

눈으로는 남의 단점을 보지 않고

입으로는 남의 허물을 말하지 않아야 군자라고 할 수 있다.

_《명심보감》,〈정기편正己篇〉

"엄마, '그릇됨'이 무슨 뜻이야?"

"무슨 뜻일까? 네가 아는 '그릇'은 뭐야?"

"음식을 담는 도구. 그런데 여기에선 그 뜻이 아닌 것 같은
데?"

"맞아. 그럼 이 문장에서 '그릇됨'은 무슨 뜻일까?"

어떤 뜻일 것 같은지 예상해 보게 하세요. 시간이 걸려도 기
다려 주셔야 합니다. 잘 모르겠다고 하면 그 어휘를 다른 어휘로
바꿔 보도록 합니다.

"네가 아는 단어로 바꿔 보자. 어떤 단어가 어울릴 것 같아?"

아이들과 이런 시간을 가져 보면 아시겠지만 생각보다 아이
들이 비슷한 의미의 단어를 잘 찾아서 말합니다. 만약 의미가 전

혀 다른 어휘를 말한다면 문맥을 파악하지 못한 것이니 적극적으로 도와줘야 합니다. 예를 들어서 반대말을 말해 주거나 그 어휘가 들어간 다른 문장을 말해 줍니다.

"그 사람은 그릇된 생각을 가지고 있어."
"일이 그릇될까 봐 걱정되어 잠이 안 와."
"뜻이 비슷한 말로는 단점, 허물이 있어."

이런 예를 들어 주면 아이들은 자연스럽게 어휘에 대한 감각을 가지게 되고 하나씩 어휘를 배우게 됩니다. 비슷한 경험이 거듭되면 어휘의 뜻을 짐작하는 능력이 세밀해집니다. 물론 어휘력의 변화가 눈에 선명하게 보이는 것은 아니지만, 어느 순간 일상생활에서 어휘력이 탄탄해진 아이를 만날 수 있을 것입니다.

아이들이 위와 같은 대화로 어휘의 의미를 잘 이해했을 때 사전에서 정확한 의미를 찾아보게 하면 좋습니다. 막연히 파악한 어휘의 의미를 다시 한번 사전에서 확인하면 기억에 더 오래 남을 것입니다. 뜻을 모르는 어휘 모두를 사전에서 확인하지 않아도 됩니다. 매번 사전에서 확인하면 아이들이 자칫 부담스러워할 수 있습니다. 하루에 두 개 이상은 하지 않도록 합니다.

고전은 글이 잘 짜여 있고 내용 전개가 촘촘하며 미적인 표현이 많아 책에 담긴 의미를 해석하는 연습을 꾸준히 하면 글을 읽고 내용을 이해하는 능력은 차곡차곡 쌓일 것입니다. 이렇게 다양한 어휘를 경험하고 언어의 의미를 추론할 수 있는 능력이 있는 아이들은 교과서를 읽을 때 더 빠르고 정확하게 내용을 이해할 수 있습니다. 교사와 친구들의 말도 빨리 이해할 수 있기 때문에 의사소통이 원활해지며 사회성을 키우는 데도 도움이 됩니다. 공부에 대한 자신감, 관계에서의 안정감은 초등학교 학생들에게 학교생활 전반의 만족감을 높이고 자기 효능감을 갖게 합니다. 어휘력은 그 자체로 끝나는 것이 아니라 아이들의 생활을 좌우할 수 있는 것입니다.

다양한 고전을 읽으며 탄탄한 줄거리와 유기적인 맥락 속에서 새로운 어휘를 경험한다면 아이들은 어휘력과 문해력을 효율적이고 효과적으로 키울 수 있습니다. 시대와 영역을 넘나드는 거장들과의 대화 속에서 어휘력을 쌓아 갈 우리 아이들의 찬란한 성장을 기대합니다.

3

고전을 읽으면
한자가 따라온다

✦

제가 초등학교 3학년 때 담임 선생님은 칠판에 한자를 자주 쓰셨습니다. 칠판에 쓰인 한자를 볼 때마다 외계어를 보는 듯 '왜 만날 한자를 쓰실까' 하는 의문을 품었습니다. 한글로 적어도 되는데 굳이 어려운 한자를 쓰는 게 어렵게 느껴졌나 봅니다. 그런데 어느 날부터 교과서나 신문을 읽을 때 아는 한자가 눈에 띄기 시작했습니다. 익숙한 한자에 반가운 마음이 들었고, 단어의 뜻을 알고 문장을 읽으니 더 잘 이해할 수 있어 신기했습니다. 선생님께서 우리에게 한자를 자주 노출해 주신 덕분입니다.

이제는 '한자 노출'이라는 말보다 '영어 노출'이라는 말이 더 익숙합니다. 어릴 때부터 영어에 노출시켜야 이중 언어로서 영어를 유창하게 쓸 수 있다는 말에 영어 유치원, 영어 학원, 화상 영어 등에 대한 정보를 알아봅니다. 공부 잘하는 아이들은 영어를 일찍부터 시작해서 어느 정도 끝내 놓은 뒤 수학 공부에 매진한다는 이야기도 들립니다. 영어 노출에 대한 중요성이 이렇게 강조되는데 실생활에서 영어를 얼마나 많이 쓰시나요?

우리나라는 한자문화권입니다. 우리가 쓰는 말의 약 70%가 한자어라고 합니다. 표준국어대사전에 실린 단어 중 58.5%가 한자입니다. 그렇기 때문에 한자를 알면 우리말을 이해하는 데 큰 도움이 되며 의사소통도 원활히 할 수 있습니다. 우리의 생활에서 영어보다는 한자에 대한 지식이 실질적으로 더 유용한 것입니다. 외국인과의 대화가 직업인 경우가 아니라면 말입니다.

그럼에도 공교육에서 한자교육에 대한 시선은 찬성과 반대로 나뉘어 대립하고 있습니다. 찬성하는 입장에서는 우리나라는 한자문화권으로, 한자에 대해 알아야 전통문화를 계승하고 우리말을 더 잘 이해할 수 있다고 말합니다. 그리고 한자교육이 부족하여 아이들이 수업 시간에 중요한 단어를 이해하지 못하는 것이 곧 문해력과 학습 능력을 떨어트리는 결과를 낳는다고 주장합니다. 반대하는 입장에서는 한자교육이 아이들에게 공부에 대한 부담을 가중시키고 사교육을 조장할 수 있다고 말합니다. 또 세계적으로 인정받는 한글이 있기 때문에 굳이 한자어를 배울 필요가 없으며 한자교육 없이도 의사소통이 충분히 가능하다고 주장합니다. 여러분은 어떤 의견이신가요?

현재 공교육에서 한자교육은 예전에 비해 매우 축소되었습니다. 2000년대 초반인 7차 교육과정 때만 해도 한자는 필수과목이었지만 지금은 도덕, 기술 과목에도 밀려 선택과목화되었고 그마저도 선택하지 않는 학교가 많아졌습니다.

그 결과 아이들의 문해력이 떨어진다는 우려의 목소리가 커지고 한자 어휘력이 부족하다는 의견이 많아졌습니다. '한자 문맹'이라는 말까지 사용되고 있습니다. 한자어를 몰라 '학습 도구어(학습용어)'를 이해하지 못하는 아이들은 수업 내용도 잘 이해하지 못합니다. 이에 2022 개정 교육과정에서는 고등학교 과목에서 진로선택과목으로 '한문 고전 읽기', 융합선택과목으로 '언어생활과 한자'를 신설하여 개선을 도모했는데 그 실효성은 앞으로 지켜봐야 할 것입니다.

저는 적정 수준의 한자교육은 다른 공부에 비해 아이들의 공부력을 높이는 데 도움이 될 수 있다고 생각합니다. 적정 수준이라는 것은 학습 도구어를 이해하는 정도, 한자에 대한 부담을 크게 느끼지 않는 정도를 말합니다. 아이들이 자연스럽게 한자에 노출되고, 그 과정에서 꼭 필요한 한자를 익힌다면 아이들도 부모님도 따로 한자를 공부해야 하는 부담을 줄일 수 있지 않을까요? 저는 그에 대한 효율적인 도구이자 목적이 될 수 있는 매개로 고전, 특히 동양 인문고전을 추천하려 합니다.

1학년 아이들과 한 학기 동안 《사자소학》을 읽고 썼습니다. 한글을 갓 배운 아이들에게 한자교육을 시키려는 것이 아니었기에 의미를 전달하고 삶에 대한 반성과 계획을 세우는 데 초점을 맞춰서 진행했습니다. 다만 《사자소학》을 읽을 때 한자의 뜻과 음은 알려 주었습니다.

싫어하는 과목이 있나요? 그 과목을 싫어하게 된 계기가 무엇인가요? 좋아하는 과목은 선생님이 좋아서 그 과목을 좋아하게 되기도 하고 그 과목 공부를 하면서 칭찬을 많이 받아 좋아하게 되기도 합니다. 따라서 싫어하는 과목이 갑자기 좋아지는 것은 어려운 일입니다. 그래서 저는 공부에 대한 호불호는 처음을 어떻게 시작하느냐에 달려 있다고 보고, 처음에 신경을 많이 써야 한다고 생각합니다. 게다가 초등학생들의 장점은 선입견이 덜하다는 점입니다. 이럴 때 아이들에게 재미있고 쉽게 접근한다면 어떤 과목이든 싫지 않은, 해 보고 싶은 과목이 될 수 있습니다.

그런 의미에서 《사자소학》으로 한자를 자연스럽게 노출시키고, 여러 한자가 연결되어 새로운 의미가 된다는 것을 반복해서 익히는 것은 시작으로 매우 효과적이었습니다. 아이들은 처음에는 한자를 자세히 보지 않았지만 시간을 거듭할수록 한자의 모양과 뜻을 궁금해했습니다.

"선생님, 이거 저번에 배운 거에서 봤던 거예요."
"선생님, 이 '소'는 무슨 뜻이에요?"

아이들의 눈에 익숙해진다는 것, 아이들이 무언가를 궁금해한다는 것은 스스로 공부할 수 있는 가장 근원적인 힘이 됩니다. 내가 조금 알고 있는 것, 내가 관심 있는 것에서부터 배움에 대한 호기심이 싹트기 때문입니다. 한자를 달달 외우면서 시작하지 않았기 때문에 한자에 대한 거부감이 적으며, 한자는 문장의 의미를 알기 위해 필요한 중요한 대상이라는 것을 인지하게 됩니다.

한자가 조금 익숙해졌는지 교과서나 책에서 모르는 단어가 있을 때 아이들이 이 글자는 어떤 뜻의 한자냐고 묻기도 했습니다. 교과서에 자주 나오는 단어들의 한자는 반복되는 경우가 많기 때문에 몇 번만 익히면 아이들은 교과서를 훨씬 수월하게 읽을 수 있습니다.

중고학년과 함께 읽은 《명심보감》《논어》에도 한자가 많습니다. 중고학년에게도 《명심보감》과 《논어》에 나오는 한자를 따로 가르치지는 않습니다. 의미에 중점을 두어 함께 읽고 쓰되 한자는 꼭 보여 주고 읽게 합니다. 한자를 눈에 익히고 한자에 익숙해지다 보면 저절로 의미와 원리를 알아가게 됩니다.

여기에서 한자에 조금 더 다가가려면, 고전을 읽고 한자를 써 보는 활동을 해 볼 수 있습니다. 학교에서는 다수의 아이들이 함께 있기 때문에 제대로 된 개별화 교육을 하기 어렵지만 가정에서는 자녀의 배우는 속도와 관심 정도에 따라 개별화 교육이 가능합니다. 아이에게 한자교육을 조금 더 시키고 싶으시거나 한자에 관심을 가지는 아이가 있다면 함께 지도해 주세요. '한자교육' '독서교육' '인성교육'을 따로 할 필요가 있나요? 저는 이 세 가지가 연계될 때 아이들에게 훨씬 유의미한 교육이 된다고 생각합니다.

인문고전의 모든 한자를 읽고 쓰고 외울 필요는 없습니다. 우리의 기억력에 한계가 있기도 하고, 모든 한자를 익히려고 하면 배움이 아니라 골치 아픈 학습이 될 수 있습니다. 딱 두 글자만

쓰고 외우면 됩니다. 오늘 배운《명심보감》의 글 중에 내가 새로 알게 된 한자나 여러 번 나온 한자 등 딱 두 개만 읽고 쓰고 외우면 부담 없이 한자를 익혀 나갈 수 있습니다.

예를 들어《논어》에서 다음과 같은 문구를 익혔다고 해 봅시다.

過	而	不	改		是	謂	過	矣
허물 과	말이을 이	아닐 불	고칠 개		옳을 시	이를 위	허물 과	어조사 의

'과이불개 시위과의過而不改 是謂過矣'는 '잘못을 하고도 고치지 않는 것, 그것이 곧 잘못이다'라는 뜻입니다. 의미에 대해 이야기를 나눈 뒤 한자를 익힐 때 여덟 개의 한자를 모두 학습하지 않고 여기에 두 번 나온 글자인 過(허물 과)를 포함해 是(옳을 시), 改(고칠 개) 중 하나만 골라 읽고 쓰며 눈에 익숙하게 합니다. 모든 한자를 다 익히면 좋겠지만 한자 학습이 목표도 아닐 뿐만 아니라 두 개씩 익숙해지다 보면 다른 글자도 자연스럽게 눈에 들어오게 되니 너무 조급하지 않아도 됩니다. 딱 두 개씩만 익혀 나가도록 해 보세요.

고전을 읽으면 한자를 자연스럽게 가까이할 수 있습니다. 가랑비에 옷 젖는 것이 별거 아닐 것 같지만 나중에는 옷이 흠뻑 젖어 있음을 발견할 수 있습니다. 고전을 읽으며 하나씩 두 개씩 눈에 익힌 한자는 아이들의 어휘력에 단단한 받침대가 되어 줄 것입니다. 그리고 단단한 어휘력으로 형성된 문해력은 아이들이 교과서를 읽을 때, 여러 가지 정보를 접할 때 큰 힘을 발휘할 것입니다. 인문고전 읽기, 아이들과 함께 매일 조금씩 해 보세요. 아이들의 읽는 눈이 점점 밝아지는 것을 느낄 수 있을 것입니다.

4

고전을 읽는 것은
사회 공부의 첫걸음이다

✦

그리스의 철학자 아리스토텔레스는 인간을 '사회적 동물'이라고 표현했습니다. 사람은 혼자 살 수 없고 누군가와 관계를 맺고 소통하며 살아갈 수밖에 없는 존재이기 때문입니다. 그렇기 때문에 우리는 나뿐만 아니라 다른 사람과 사회에 끊임없이 관심을 기울여야 합니다. 타인과 사회를 이해할 때 그 속에서 더 빠르게 판단하고 현명하게 행동할 수 있습니다.

하지만 아이들과 수업을 하다 보면 사회에 대한 배경지식이 없다는 생각이 들 때가 많습니다. 예전에는 "선생님, 그거 뉴스에서 봤어요!" "선생님, 어디에서 들어 봤어요"라고 하던 것들을 요즘 아이들은 전혀 들어 본 적이 없어 모른다고 합니다. 아마도

텔레비전의 뉴스보다는 유튜브 영상을 더 많이 접하면서 제대로 된 정보를 얻지 못하기 때문인 것 같습니다. 또 아이들은 제목만 자극적이고 실제 내용은 빈약한 기사를 접할 때가 많습니다. 게임과 스마트폰 사용도 사회에 대한 관심을 줄이는 원인 중 하나입니다.

사회에 대한 정보의 양은 많은데 아이들에게 전달되는 양질의 지식은 부족한 것이 현실입니다. 하지만 사회와 따로 떨어져 살 수 없는 인간으로서 인간답게 살아가기 위해서는 사회를 알아야 합니다. 그렇다고 사회 현상에 대한 모든 지식과 경험을 아이들에게 전달하는 것이 부모와 교사의 몫은 아닙니다. 다만 우리가 해 줄 수 있는 일은 사회에 대한 기초 지식을 알려 주고 사회 현상에 관심을 가질 기회를 주는 것입니다.

사회 수업만으로 아이들의 사회에 대한 흥미를 유발하는 데 뭔가가 부족하다고 느끼던 즈음, 저의 수업에 영향을 미친 책이 있습니다. 바로 이순신의 《난중일기》와 쥘 베른의 《80일간의 세계 일주》, 빅토르 위고의 《레 미제라블》입니다. 이 책을 아이들과 읽으며 아이들이 스스로 역사에 대해 찾아보고 정치적인 상황에 대해 이야기하는 모습을 보게 되었습니다. 초등학생에게 사회에 대한 관심을 일으키는 열쇠는 바로 '이야기'였던 것입니다.

아이들에게 교과서 속 경제의 희소성, 세계의 냉전체제, 조선의 성리학, 삼권분립은 뜬구름에 불과할 수 있습니다. 이 모든 것이 현재 우리의 삶과 크고 작게 관련되어 있음에도 불구하고 나와 거리가 먼 상관없는 단어들로 보이는 것입니다. 하지만 이 단어들은 이야기 속에서 보고 느낄 때 비로소 살아 숨 쉬게 되고 아이들의 생각 속에 스미게 됩니다.

꼭 카를 마르크스의 《자본론》, 애덤 스미스의 《국부론》과 같은 책을 읽어야 사회에 대한 지식을 쌓을 수 있는 것은 아닙니다. 아이들은 정치와 경제, 사상, 문화가 녹아 있는 '이야기' 속에서 더 잘 배울 수 있습니다. 특히 그런 사회의 각 요소들이 잘 얽혀 있는 고전은 최고의 사회 공부 교재라 할 수 있습니다.

아이들과 《레 미제라블》을 읽을 때의 일입니다. 정작 사회 시간에는 별로 관심 없던 아이들이 프랑스의 '시민 혁명'에 대해 무척 궁금해했습니다. 왜 사람들이 저렇게 분노한 것인지, 왜 군인들이 사람들을 공격하는 것인지, 왜 사람들이 저렇게 가난하게 살고 있는 것인지 등에 대해 꼬리를 무는 질문을 많이 던졌습니다.

마침 그즈음은 광화문에서 주말마다 촛불 시위가 벌어진다는 뉴스가 보도되던 때였고, 우리나라도 근현대 사회에서 군인과 시민이 대치하는 상황을 겪었기에 이를 연결해서 정보를 검색해 보고 이야기를 나누었습니다.

아이들은 자신의 경험과 배우는 내용이 연결될 때 더 많은 관심을 기울입니다. 또 자신이 던진 질문에 대한 답을 찾는 과정에서 더 집중하고 많은 것을 알고 싶어 합니다. 《레 미제라블》 한 권으로 우리는 사회의 구조에 대해, 정치의 모순에 대해, 시민의 힘에 대해, 역사의 사건에 대해, 그리고 그것이 지금 우리 사회에 어떤 영향을 미쳤는지에 대해 깊이 있게 배울 수 있었습니다. 교과서의 글 몇 줄로는 도저히 상상할 수도 없는 질문과 생각들을 고전 속에서 한 것입니다.

《80일간의 세계 일주》도 그런 배움의 기회를 주었습니다. 이 책은 쥘 베른이 쓴 프랑스의 모험 소설입니다. 영국인 부자 필리어스 포그가 하인 장 파스파르투와 함께 80일 동안 세계 일주에 도전하는 내용인데, 이 책을 읽으며 아이들과 세계지리와 세계 문화를 공부할 수 있었습니다.

6학년 때 세계지리에 대한 내용을 배웁니다만, 내가 가 보지 않은 곳에 대해 관심을 가지고 지도를 찾아보는 아이들은 많지 않습니다. 하지만 이야기로 접한 곳은 간접적으로나마 가 본 곳이기 때문에 관심이 생기기 마련입니다. 아이들은 《80일간의 세계 일주》를 읽으며 지도에서 각 나라의 위치를 확인했고, 그곳에서 벌어진 이야기의 장면들을 상상했습니다. 우리는 인터넷을 검색해 그 지역의 사진을 보기도 했고 그곳의 문화재, 자연환경을 찾아보기도 했습니다.

아이들은 이 책으로 세계여행을 하며 자연스럽게 세계 곳곳의 문화를 공부했습니다. 인도 여행 중 만난 '사티 행렬'에 아이들은 깜짝 놀라기도 했습니다. 사티는 인간을 제물로 바치는 풍습인데, '다양한 문화를 인정해야 한다' '아니다. 잘못된 문화는 비판받아야 한다'는 대립 토론을 하면서 생각을 나누기도 했습니다.

또 나라를 이동하면서 시간이 바뀌는 것을 보며 시차에 대한 개념을 이해하기도 했습니다. 4학년 때 위도, 경도, 시차 등을 배우지만 단순한 개념 공부로는 잊어버리기 십상입니다. 하지만 책과 함께 직접 지도를 따라가며 시간이 바뀌는 것을 확인하는 과정에서 아이들은 시차의 원리를 확실하게 이해할 수 있었습니다.

실제 가 보지 않은 랜선 여행이었지만 우리는 설레고 즐거웠습니다. 아이들과 어디를 여행하고 싶은지 이야기하고 계획을 세워 보기도 했습니다. 버킷리스트에 이 책에서 만난 장소에 가

보고 싶다는 여행 목표를 담는 아이들을 보며 책 한 권의 힘을 실감했고, 이 책에 나온 나라와 지역이 다른 어딘가에 나올 때마다 반가워하고 관심을 갖는 아이들을 보며 변화를 느꼈습니다.

《난중일기》또한 좋은 사회 공부가 된 책입니다. 5학년 사회 시간에 역사를 공부하면서 이순신의 대표적인 해전과 거북선 등을 배우지만 그 내용을 깊이 있게 알기는 어렵습니다. 명량해전, 한산도대첩이 일어난 위치를 찾아보거나 이순신이 학익진 전법을 써서 일본 수군을 물리쳤다는 것을 배우는 것만으로는 부족합니다. 이럴 때《난중일기》는 역사 공부에 깊이를 더해 줍니다.

《난중일기》는 이순신이 전쟁 준비부터 전쟁 중의 경험까지를 글로 담은 서적입니다. 우리가 결과로만 알고 있는 해군의 승리가 단순히 운이 좋아서 일어난 일이 아닌, 철저한 준비와 전략을 통해 나온 성과임을 여실히 보여 줍니다. 매일 날씨와 일상을 기록하는 이순신의 꾸준함과 성실함은 우리에게 귀감이 됩니다. 그리고 일기 여기저기에 묻어나는 어머니를 향한 효심과 가족을 걱정하는 마음, 백성을 사랑하는 마음도 이순신의 인간적인 면모를 이해하는 데 큰 도움이 됩니다.

또 아이들과 이 책을 읽으며 자연스럽게 조선 시대의 역사와 문화를 알 수 있었습니다. 그 당시 전쟁 준비는 어떻게 했는지, 사람들은 어떻게 만나서 어떤 대화를 나누었는지, 그때의 장군과 병사는 어떤 태도로 전시에 임했는지 등이 잘 드러나 있어 머릿속에 시대적 분위기를 그려 볼 수 있습니다. 몇 명의 아이들은 이순신의 사람을 다루는 면모에 감동하기도 했습니다. 그리고 철저한 자기 관리를 통해 부하들에게 귀감이 되려고 노력한 모습이 멋지다고 말하기도 했습니다. 나를 경영하는 것, 다른 사람과 현명하게 관계를 맺어 가는 것은 사회생활에서 아주 중요한 부분인데, 이순신이라는 위인의 일기 속에서 감화를 받을 수 있다면 이것보다 더 좋은 사회 공부는 없을 것입니다.

훌륭한 고전은 슬기롭게 미래에 대비할 수 있도록 도와줍니다. 우리에게는 《난중일기》가 그런 책이었습니다. 이순신의 이야기는 비단 과거의 일이 아닙니다. 우리는 과거를 보아야 현재를 이해할 수 있고, 미래를 더 잘 준비할 수 있습니다. 그 당시의 정세政勢가 다른 모습으로 현재 우리를 둘러싸고 있을지도 모릅니다.

사회는 경제, 문화, 지리, 역사, 정치, 미래를 포함합니다. 우리는 사회 구성원으로서 사회의 여러 요소와 떼려야 뗄 수 없습니다. 사회는 우리의 삶 자체인 것입니다. 사회에 대한 깊이 있는 이해는 결국 나 자신에 대한 이해를 돕습니다.

사회를 구성하는 개념과 정의를 달달 외우고 문제를 푸는 것만으로는 복잡한 사회를 이해할 수 없습니다. 아이들이 재미있는 이야기 속에서 삶의 요소요소를 느낄 수 있다면 그것이 더 좋은 배움이 될 것입니다. 고전을 읽으며 아이들과 진짜 사회 공부를 시작해 보세요.

5

스며드는 다양한 문화와
바른 가치관 정립

✦

요즘 아이들을 알파세대라고 부릅니다. 21세기에 태어났고 태어나자마자 디지털 문명을 경험했기에 붙여진 이름입니다. 이 아이들은 부모 세대와 상당히 다른 문화와 성향을 가지고 있습니다. 스마트폰과 인터넷 문명에 직접적으로 영향을 받으며 성장했고, 코로나 시대에 온라인 수업까지 경험한 세대입니다. 앞으로 메타버스와 인공지능이 발달한 세상에서 살아갈 것입니다.

시간은 연결되어 있습니다. 우리의 삶은 그냥 현재에 뚝딱 만들어진 것이 아니라 과거와 연결되어 있습니다. 공간도 나 혼자가 아니라 사회 구성원 모두와 함께 공유합니다. 즉, 아이들 세대가 기존 세대와 확연히 다른 특징을 가진다고 해서 그들이 하늘에서 뚝 떨어진 것은 아닙니다. 이들에게도 부모와 조부모가 있으며 우리는 모두 한 사회 속에 존재합니다. 그렇기 때문에 새로운 문화나 미래에 대한 배움뿐만 아니라 내가 속한 사회의 가치에 대한 배움이 반드시 필요합니다. 이렇게 시간과 공간을 이어주는 것이 무엇일까요? 저는 그 매개체로 고전을 꼽으려 합니다.

전래동화를 읽으면 과거부터 현재까지 우리 사회에서 어떤 가치를 중요하게 생각하는지 배울 수 있습니다. 권선징악의 구조와 이야기 속에 담긴 여러 가지 교훈은 아이들로 하여금 우리 사회의 문화와 가치를 자연스럽게 접할 수 있게 도와줍니다. 인물들이 부모를 대하는 태도, 형제간에 우애를 나누는 모습, 친구에게 의리 있게 행동하는 모습, 하늘에 정성스럽게 기도하는 모습, 동물을 배척하지 않고 함께 어울려 살아가는 모습은 우리 조상들이 지켜 온 문화이자 가치입니다. 이야기 속에 녹아 있는 이런 문화와 가치는 독자에게 점점 스며들어 가치관 형성에 영향을 줍니다.

우리나라뿐만 아니라 더 확장된 범위에서 오랜 가치를 배울 수도 있습니다. 저는 서양 고전 중 호메로스의《일리아스》와《오디세이아》를 읽으며 서양 문화를 이해할 수 있어 참 좋았습니다. 그래서 제 아이가 1학년이었을 때《그리스 로마 신화》를 꼭 읽게 해야겠다고 다짐했습니다. 아직 내용이 어려울 것 같아 만화로 된 책을 함께 읽던 중 아이가 말했습니다.

"엄마, 제우스가 나왔어! 헤라클레스도 있어!"

아이는 너무 반가워했습니다. 평소 가지고 놀던 장난감 이름, 유튜브에서 즐겨 보는 색종이 접기 채널의 팽이 이름을 발견했기 때문이었습니다. 아이는 호기심을 가지고 책을 읽으며, 무심코 부르던 사물의 이름이 어떤 성격을 가진 신의 이름이었는지 하나씩 알아 갔습니다.

《그리스 로마 신화》를 아는 것만으로도 우리가 사는 사회의 여러 면을 이해할 수 있습니다. 우리가 방문하는 가게나 사용하는 물건에 그리스 신화 속 주인공들의 이름이 꽤 많기 때문입니다. 또 하늘의 별자리를 배우는 과학 시간에도 신들의 이름이 계속 나옵니다. 미술 시간에 보는 그림이나 조각상에도 그리스 신화는 존재합니다. 《그리스 로마 신화》를 읽었다면 이 모든 것을 이해하는 것이 훨씬 수월하겠지요?

그리스 신화 속에 등장하는 신들의 이야기는 대부분 비현실적이지만 그들이 느끼는 감정과 고민은 모두 인간이 평소에 경험하는 것들입니다. 질투, 분노, 욕심, 호기심, 사랑, 연민, 불안 등의 감정이 고스란히 신화 속에 담겨 있습니다. 그리고 우리는 등장인물의 행동으로 인한 이야기의 결말을 보게 됩니다. 지나친 탐욕으로 인한 몰락이나 누군가를 미워하다가 결국 자기 자신이 파멸하게 되는 이야기를 보며 우리는 나를 돌아보고 사회의 가치관을 배울 수 있습니다.

6학년 아이들과 리처드 바크의 《갈매기의 꿈》을 읽을 때의 일입니다. 한 아이가 주제 글쓰기에 이런 이야기를 적었습니다.

"나는 갈매기처럼 다른 사람이 하는 것을 그대로 따라 하지 않고 내가 하고 싶은 것을 좇을 것이다."

교사나 부모님이 말로써 아이를 이렇게 생각하게 할 수 있을까요? 어른들의 말은 자칫 지루하고 듣기 싫은 잔소리가 될 수 있지만 책이 들려주는 이야기는 아이들에게 자신만의 생각을 만들어 줄 수 있습니다. 내가 한 다짐들이기에 그 동기가 훨씬 강력하게 마음속에 자리 잡는 것은 물론입니다. 이렇듯 가치관을 형성하는 시기의 아이들에게 큰 영향을 미칠 수 있는 것이 바로 고전입니다.

몇 년 전 개인적인 어려움을 겪는 제자를 보았습니다. 집안 사정이 갑자기 어려워져 우울한 하루하루를 보내는 중이었는데 우연히 그 사실을 알게 되어 마음이 많이 쓰였습니다. '어떤 말을 해 주면 좋을까?' 고민이 되었습니다. 아이와 대화하며 마음에 공감해 주고 힘내라고 이야기해 주는 것보다 어쩌면 책을 통해 마음을 전달하는 것이 더 좋지 않을까 하는 생각이 들었습니다.

그래서 제가 읽고 힘을 받았던 루시 모드 몽고메리의《빨간 머리 앤》을 선물로 건넸습니다. 아이는 방학 동안 두꺼운 책을 드디어 다 읽었다고 저에게 메시지를 보냈습니다. 그리고 고맙게도 제가 하고 싶은 말을 앤에게서 읽어 냈고, 긍정적으로 생각하며 이겨 내겠다는 마음을 문자에 담아 전해 주었습니다. 힘든 일을 겪으면서도 상상력과 특유의 긍정 에너지로 모든 상황을 자기편으로 만들어 가는 앤의 모습이 저 또한 감동적이었는데 아이에게도 그 마음이 전해진 것 같아 너무 행복했습니다.

책 속의 인물이 나 같을 때, 책 속의 인물이 나보다 더 힘든 일을 겪고 있을 때 우리는 위로를 받기도 하고 어떻게 헤쳐 나갈지 영감을 얻기도 합니다. 고전 속의 주인공은 다른 어떤 책 속의 주인공보다 확고하고 단단한 가치관을 가지고 있습니다. 비록 어려운 상황에 처할지라도 자존감을 회복하며 멋지게 일어섭니다. 그러기에 오랜 시간 동안 많은 사람들에게 읽히고 사랑받을 수 있는 것입니다.

예전보다 자녀를 적게 낳으며 가정에서 귀한 대접을 받는 요즘 아이들은 자기만 알고 다른 사람을 배려할 줄 모른다고 합니다. 형제 사이에서 자연스럽게 배우는 가치가 있는데 그런 것을 배울 기회가 적기에 친구와 놀고 싶을 때 어떻게 해야 할지, 친구와 의견이 다를 때 어떻게 해야 할지, 친구의 마음은 어떨지 등을 생각하지 못하곤 합니다. 게다가 자신을 최우선으로 키워 주신 부모님의 헌신을 당연하게 여기는 아이들도 많습니다. 그래서 부모님에 대한 존경과 효도에 대한 인식이 부족한 것이 현실입니다.

이런 아이들에게 철학 고전 속의 부모님에 대한 태도, 친구에 대한 태도, 형제자매에 대한 태도를 다룬 글귀들은 마음의 토양에 작은 씨앗으로 박혀 싹을 틔워 갑니다. 특히 철학 고전을 필사할 때 그 가치를 더 실감합니다. 아이들과 《사자소학》《명심보감》《논어》를 읽고 필사해 보았는데, 그 속에서 우리가 살면서 생각하는 것들에 대한 답을 발견했고 가치관을 정립하는 데 큰 도움을 받았습니다.

'형제는 부모님이라는 한 뿌리에서 나온 서로 다른 가지'라 는 말을 배우고 나니 그동안 형과 서로 다퉜던 것이 후회되 었습니다. 앞으로는 형과 한 팀처럼 생각하고 싸우지 않도 록 노력해야겠습니다.

한 아이가 《사자소학》의 '비지어목 동근이지比之於木 同根異枝' 의 내용을 필사한 후 쓴 고백과 반성의 글입니다. 이런 생각을 한 번쯤 한 아이와 하지 않은 아이 사이에는 분명한 행동의 차이 가 존재할 것입니다. 아이에게 완벽함을 바라면 안 됩니다. 아이 들은 아직 미완성의 존재이고 배우면서 완성되어 가는 존재입 니다. 어른들도 실수하고 완벽하지 않은데 아이들은 오죽할까 요? 다만 아이들이 자신만의 기준을 마련해 가고 자기 인생에서 뚜렷한 생각을 가질 수 있도록 도와주는 것은 우리 어른들이 해 야 할 일입니다. 그것이 곧 아이들의 인성과 가치관으로 자라날 것입니다.

인성교육과 가치관 교육은 어른의 말로 되는 것이 아니라 스 스로 느끼고 생각해야 더 효과적입니다. 고전을 통해 바른 인성 과 올바른 가치관을 기를 수 있습니다. 한번 시작해 보세요.

6

단순 지식을 넘어 생각하는 힘을 길러 준다

✦

교육의 목표가 무엇이라고 생각하시나요? 거창하지만 〈교육기본법〉까지 거슬러 올라가면 이렇습니다.

〈교육기본법 제2조〉

교육은 홍익인간弘益人間의 이념 아래 모든 국민으로 하여금 인격을 도야陶冶하고 자주적 생활능력과 민주시민으로서 필요한 자질을 갖추게 함으로써 인간다운 삶을 영위하게 하고 민주국가의 발전과 인류공영人類共榮의 이상을 실현하는 데에 이바지하게 함을 목적으로 한다.

이를 정리하면 다음과 같습니다.

인격 도야 자주적 생활능력 함양 민주시민 자질 함양	⇨	인간다운 삶 영위 민주국가 발전 인류공영의 이상 실현

여기서 인간다운 삶이란 무엇일까요? '인간다움'을 알기 위해서는 인간이 다른 동물들과 비교해 어떤 차이점을 가지는지 생각해 봐야 합니다. 그 차이점에는 여러 가지가 있지만, 가장 두드러진 것은 '생각하는 힘'입니다. 인간은 동물과 다르게 사고력을 가지고 있고, 그로 인해 만물의 영장으로서 살아갈 수 있었습니다. 따라서 우리 교육의 목표를 인간다운 삶이라고 했을 때, 그 방향은 사고력을 발달시키는 쪽으로 나아가야 합니다. 하지만 현재의 교육은 어떤가요?

수업 시간에 아이들이 가장 어려워하는 질문이 있습니다. 바로 '왜?'라는 질문입니다. 답이 정해져 있는 질문에는 잘 대답하는 아이들이 그것에 대해 '왜?'라는 질문을 덧붙였을 때 갑자기 조용해지곤 합니다.

우리의 교육은 정답만 알면 되는 지식 중심, 결과 중심의 방향에 있습니다. 여기에 우리 교육의 문제가 있습니다. 자신이 알고 있는 지식에 대한 의문이나 추가 질문, 그리고 자신이 한 말과 행동에 대한 이유를 생각해 보는 과정이 부족한 것입니다. 하지만 그 숙고의 과정이 있을 때 우리는 생각하는 힘을 기를 수 있고 사고를 확장할 수 있습니다.

아이들은 학교에서 배우고 학원에 가서 또 배우면서 많은 지식을 머릿속에 쌓지만 혼자 그것에 대해 생각하고 고민할 시간은 갖지 못합니다. 아이들은 점점 똑똑해지지만 그 지식을 뒷받침할 수 있는 논리와 사고는 부족한 것이 현실입니다. 그래서 정답이 없는 질문, 예를 들어 자신의 생각이나 이유를 물을 때 망설이고 주저합니다. 아이들이 앞으로 살아가면서 부딪히게 되는 수많은 상황에는 정답이 없습니다. 이런 상황에서 아무것도 하지 못하는 아이가 아니라 스스로 생각하고 행동하는 아이로 자라도록 도와야 하지 않을까요?

우리는 과정 중심의 교육, 사고력 중심의 교육으로 나아가야 합니다. 아무리 잘 지은 집이라도 거센 풍파를 만나면 쓰러질 수 있습니다. 그럴 때 집을 짓는 방법이나 원리를 알고 있으면 집을 수리하거나 다시 지을 수 있지만 아무것도 모르는 상태로는 부서진 집을 고칠 수 없습니다. 왜 부서졌는지 고민해 보고 어떻게 하면 좋을지 스스로 찾을 수 있는 사고력을 기르는 것이 필요합니다.

사고력을 기르는 가장 좋은 방법이 바로 독서입니다. 책을 읽는 동안 우리는 뇌를 활성화할 수 있고 자연스럽게 수많은 생각을 합니다. '주인공은 왜 이런 말을 했을까?' '인물들은 어떤 마음일까?' '다음 장면은 어떻게 될까?' '나라면 어떻게 했을까?' 등 수많은 질문에 대한 답을 찾아 가며 생각하고 또 생각합니다. 사고력은 근육과 같아서 반복할수록 커지고 단단해집니다. 독서를 통한 반복적인 사고 연습은 아이들의 사고력을 크게 키워 줍니다.

아이들이 고전을 읽으면서 생각하는 힘이 자랐다고 생각한 순간이 많았습니다. 그중 두 가지 사례를 소개하려 합니다.

먼저 김만중의 《구운몽》입니다. 이야기의 변화가 아주 다양해서 아이들의 반응을 무척 궁금해하며 같이 읽었습니다. 읽는 과정에서 모르는 단어가 나오거나 이해가 어려운 부분이 있을 때가 많았지만 이야기가 워낙 재미있어 아이들은 다행히 잘 따라왔습니다.

이 책의 주인공인 육관도사의 제자 성진은 여덟 선녀와 노닥거린 죄로 인간세계로 쫓겨나 양소유로 태어나게 됩니다. 많은

이들이 원하는 부와 명예를 모두 얻은 양소유는 다른 사람의 부러움을 한 몸에 받을 만큼 성공하며 많은 것을 소유하는 삶을 살게 됩니다. 하지만 한순간 꿈에서 깨어 나면서 성진의 몸으로 돌아오는 경험을 하고 모든 것들이 한낱 꿈에 지나지 않는다는 것을 깨닫게 됩니다. 어떤 이야기보다 반전이 극적입니다.

이 책에 대한 아이들의 말과 글에 저는 깜짝 놀랐습니다. '우리의 삶에서 가장 중요한 것이 무엇일까?'에 대한 물음을 던지며 아이들이 스스로 생각하기 시작했기 때문입니다. 저는 아이들과 '우리가 살면서 어떤 가치를 추구해야 하는가'에 대해 이야기 나눴습니다. 자신은 부자가 되고 싶은 꿈이 있었는데 더 중요한 가치가 있을 수도 있다는 생각을 했다는 아이도 있었고, 속세에서 벗어나 아무것도 소유하지 않는다는 내용이 비현실적이라는 아이도 있었습니다.

어릴 때 살면서 추구해야 하는 가치에 대해 생각해 본 적이 있으신가요? 입시와 학원으로 바쁜 아이들은 그런 고민을 할 여유가 없습니다. 아이들은 고전을 읽음으로써 생각하고 고민할 수 있었고, 답이 없는 이야기를 논하며 자신만의 고유한 시선과 사고력을 기를 수 있었습니다.

또 다른 사례는 앞서도 나왔던 《레 미제라블》입니다. 이 책은 단순히 읽는 것만으로 내용을 온전히 이해했다고 할 수 없습니다. 시대 상황에 대한 배경지식이 있어야 제대로 읽었다고 말할 수 있습니다.

아이들과 이 책을 읽으며 우리는 함께 그 시대에 대한 정보를 찾아보고 이해하려 노력했습니다. 19세기의 프랑스 상황을 알아야 제목이 '불쌍한 사람들(《레 미제라블》의 뜻)'인 이유를 알 수 있고, 장 발장의 이야기를 개인적인 범죄가 아니라 모순된 사회 구조와 부조리의 결과로서 이해할 수 있기 때문입니다.

아이들은 사회적 배경을 이해하고 책을 읽으면서 많은 질문을 던졌습니다. '장 발장의 잘못을 용서하고 오히려 축복한 미리엘 신부를 어떻게 이해해야 할까?' '자신이 누구인지 속인 장 발장의 마음은 어땠을까?' '사랑하는 사람을 지키기 위해 목숨을 던질 때의 마음은 어떨까?' '자신이 낳지 않은 딸에 대해 나라면 진정한 사랑과 정성을 쏟을 수 있을까?' '자베르 경감은 어떤 생각이었을까?' 등 쏟아 낸 질문들을 보면서 아이들이 책을 읽는 동안 수준 높은 생각을 한 것을 알 수 있었습니다. 이 질문들에 대한 정답은 없습니다. 다만 아이들은 스스로, 혹은 친구들과 함께 생각해 보면서 자신만의 답을 만들어 갔고 그 속에서 사고력을 키울 수 있었습니다.

아이들과 1년 동안 꼬리에 꼬리를 무는 질문을 거듭했습니다. 어느새 아이들은 '왜?'라는 대한 질문에 익숙해졌고 그에 대한 답을 찾기 위해 책을 읽으며 생각하는 모습을 보이기 시작했습니다. 음악 시간에 음악에 대한 감상평을 돌아가면서 말할 때, 곡이 좋은 이유를 저마다 다르게 말했다는 전담 선생님의 이야기를 들을 수도 있었습니다. 남의 생각이 아닌 나의 생각을 만들 수 있다는 것 자체가 큰 수확 아닐까요? 아이와 고전을 읽으며 잠자는 사고력의 씨앗을 키워 보세요.

7

흡인력 있는 이야기로 상상력을 자극한다

✦

"선생님, 그다음에 어떻게 됐어요?"

"그다음은 여러분이 읽어 보세요."

실망하는 아이들의 목소리를 들으며 저는 입가에 웃음이 번집니다. 내용이 조금 까다로워서 처음 손에 잡고 읽기 어렵거나 상상력을 자극하는 판타지 고전의 경우 일부러 제가 앞부분을 읽어 줍니다. 이야기라는 것은 사람을 하나로 모으는 힘이 있습니다. 책을 읽어 줄 때 아이들의 눈과 기운이 한곳에 모이는 것이 느껴집니다.

조금만 읽어 줘도 아이들은 뒷이야기가 궁금해서 못 견뎌 합니다. 제가 갑자기 책 읽기를 중단하면 여기저기서 아우성이 쏟아져 나옵니다. 쉬는 시간에 아이들은 서로 경쟁적으로 저에게서 책을 가져갑니다. 이 책에 대한 동기유발이 확실히 되었다는 증거입니다.

고전의 묘미 중 하나는 유쾌한 상상력에 있습니다. 작가의 섬세하고 세련된 묘사는 구체적인 장면을 상상하게 하고 다음 내용이 궁금해서 책을 손에서 놓기 어렵게 합니다. 제가 어릴 때 가장 좋아했던 책은 아서 코난 도일의 추리소설 《셜록 홈스》였습니다. 방에서 혼자 한 권 한 권 손에 땀을 쥐며 읽었습니다. 엇갈리는 인물들과 절묘한 증거들, 그리고 셜록 홈스의 놀라운 추리력은 제 가슴을 쿵쾅쿵쾅 뛰게 했고 마치 제가 사건 현장에 놓여 있는 듯 착각을 불러일으켰습니다.

혼자 내용 속에서 작은 실마리를 찾아보려 노력하기도 했고 범인이 누구일지, 왜 그런 일을 했을지 상상해 보기도 했습니다. 마음껏 상상하는 시간은 온전히 나만의 즐거움이 됩니다. 어떤 방해도 받지 않고 책 속에서 나만의 세상을 상상해 볼 수 있는 것입니다.

교사가 되어 내가 맡은 아이들이 이런 흡인력을 가진 책을 만나 볼 수 있으면 좋겠다는 생각을 했습니다. 그래서 무한한 상상력을 일으키고 사람을 끌어당기는 매력을 가진 책을 고르기 시작했습니다. 찾다 보니 오래되었어도 완성도가 높고 작가의 기발한 상상이 돋보이는 책들이 많았습니다. 그 오래전에 어떻게 이런 발상을 이야기로 옮겼는지 놀랍기도 했습니다. 처음에는 '요즘 아이들에게 고전의 재미가 통할까?' '내용을 이해하고 상상할 수 있을까?' 하는 의문도 있었지만, 아이들의 반응은 확실했습니다. 그렇게 진행한 여러 권의 책 중 특히 재미있게 읽었던 책을 몇 가지 소개하려 합니다.

C. S. 루이스의 《나니아 나라 이야기2: 사자와 마녀와 옷장》은 아이들이 손꼽는 재미있는 책 중의 하나입니다. 네 명의 아이가 전쟁을 피해 시골의 한 교수의 집에 머물면서 벌어지는 이야기는 호기심을 자극합니다. 특히 어딘가에 숨어 들어가는 것을 좋아하는 아이들에게 옷장을 통해 '나니아'라는 새로운 세상 속에 들어간다는 설정은 매우 흥미롭습니다. 게다가 《그리스 로마 신화》에 나오는 파우누스의 등장은 다른 책과의 연결고리를 만듭니다. 그리고 선과 악의 대결 구도가 어떤 소설보다 탄탄합니다. 이성과 정의를 지키려 하지만 순간순간 우리를 흔들리게 하는 탐욕에 대해 생각해 볼 수 있기도 합니다.

무엇보다 이 책의 묘미로 꼽을 수 있는 것은 새로운 세상에 대한 상상입니다. 우리는 우리가 사는 세상과 다른 어떤 새로운 곳을 상상하곤 합니다. 만약 다른 세상을 이어 주는 문이 있다면 어떨까요? 호기심이 많은 아이들은 옷장을 통해 갈 수 있는 세상은 어떤 모습일지, 그곳에서 누구를 만나게 될지 상상하며 매우 신나 했습니다. 첫 부분을 읽어 주고 옷장을 통해 만난 나니아의 모습을 상상해서 그림으로 표현해 보았는데 같은 내용을 읽고도 저마다 조금씩 다른 장면을 그려 냈습니다.

또 다른 책은 L. 프랭크 바움의 《오즈의 마법사》입니다. 캔자스 시골에서 살던 도로시는 태풍으로 인해 집이 날아가면서 마법의 대륙 오즈에 도착하게 됩니다. 다시 집에 돌아가기 위해 마법사를 만나러 가던 도로시는 우연히 허수아비와 양철 나무꾼, 사자를 만나게 됩니다. 뇌를 가지고 싶은 허수아비, 심장을 가지고 싶은 양철 나무꾼, 용기를 가지고 싶은 사자는 각자의 바람을 가지고 함께 오즈의 마법사를 찾아갑니다.

이 책을 읽으며 아이들과 인물들의 모습을 그림으로 표현해 보았습니다. 지푸라기로 만들어진 허수아비, 딱딱한 양철로 만들어진 나무꾼, 겁이 많은 사자의 모습은 아이들마다 모양도 색깔도 다 달랐습니다. 또 《오즈의 마법사》에 그려진 책 속 세상을 상상해서 이야기를 나눠 보기도 했습니다. 각자 상상했던 장면을 모두와 함께 나누니 더 자세하고 구체적인 이야기가 만들어졌습니다. 나의 상상 하나에 다른 친구들의 상상이 덧붙여져 더 풍성한 이야기를 만드는 경험은 책을 함께 읽는 재미를 더해 줍니다.

《메리 포핀스》는 영국 작가 파멜라 린든 트래버스가 쓴 소설입니다. 우산을 타고 날아온 보모 메리 포핀스가 뱅크스의 집에 오면서 생기는 일들을 다룹니다. 메리 포핀스의 등장부터 아이들은 흥미로워합니다. 우산을 타고 날아다니는 상상을 해 보신 적이 있나요? 아이들은 이야기를 읽으며 우산을 타는 상상과 함께 또 다른 어떤 것을 타고 하늘을 날 수 있을지 상상하며 즐거워했습니다. 그리고 메리 포핀스의 삼촌 위그 씨의 집에서 공중에 붕붕 뜬 등장인물들의 모습에서는 탄성을 질렀습니다. 웃으면 공중으로 날 수 있다니! 날 수 없는 것을 알면서도 아이들은 서로를 쳐다보며 깔깔 웃고 기분 좋은 상상을 합니다.

특히 존과 바브라의 이야기는 꽤 오랫동안 아이들과 이야기 나눈 부분입니다. 존과 바브라는 아직 말을 하지 못하는 쌍둥이 아기입니다. 하지만 이 아이들은 햇살과 이야기를 나누고 찌르레기의 말을 알아듣습니다. 아이들과 함께 동물이나 자연물과 이야기를 나누는 상상을 해 보았는데 자신이 키우는 반려동물과의 대화, 바람과의 대화 등 기발한 상상이 참 많았습니다.

또 어린아이들은 태어났을 때는 동물이나 자연물의 언어를 알아듣지만, 사람의 언어를 배우면서 이것을 모두 잊게 된다는 내용에 대해서도 이야기 나누었습니다. 아이들은 아기 때 어떤 대상과 대화를 나누었을지, 어른들을 봤을 때 어떤 생각을 했는지에 대해 상상해 보고 인터뷰 형식으로 생각을 공유했습니다.

상상의 힘은 호기심으로 이어집니다. 다음 이야기가 궁금해지고 다른 책에 대한 호기심을 갖게 됩니다. 이 호기심은 꼬리에 꼬리를 무는 생각을 만들고 아이들에게 행동하게 하는 힘을 일으킵니다. 이것은 더 발전되어 자신에 대한, 세상에 대한 변화를 일으킵니다. 그러므로 어린이가 가진 최고의 무기는 '상상력'입니다.

아이들에게 호기심과 상상력을 자극할 수 있는 좋은 도구가 고전입니다. 아이를 더 아이답게, 아이를 더 생동하게, 아이가 몽글몽글한 마음을 가질 수 있도록 좋은 고전을 손에 쥐여 주면 어떨까요?

8

자세한 묘사로
섬세한 감정을 일으킨다

◆

고전을 읽으며 '역시 고전은 고전이구나' 하는 생각이 드는 지점 중 하나가 바로 묘사입니다. 우리가 평소 사용하는 말과 글이 얼마나 수박 겉핥기식의 간결하고 두루뭉술한 표현인지 반성하게 됩니다. 살면서 우리는 수많은 생각을 하고 오만가지 감정을 느낍니다. 하지만 그 겹겹이 쌓인 생각과 감정들을 말이나 글로 옮길 때, 그것들을 있는 그대로 고스란히 표현하기가 쉽지 않습니다. '좋다' '싫다' '기쁘다' '슬프다' 등과 같은 단어 안에 욱여넣어 표현하곤 합니다.

그런데 고전은 다릅니다. 우리가 보편적인 단어로, 혹은 짧은 문장으로 표현하는 감정들을 아주 자세히, 그리고 적절한 단어들로 묘사합니다. 그리고 찰나의 시간을 절묘한 시선으로 포착해 긴 서사로 풀어 냅니다. 윌리엄 셰익스피어의 《햄릿》에는 햄릿을 비롯한 인물들의 심리와 고뇌가 상징적인 단어와 섬세한 묘사로 표현되어 있습니다. 대사를 보면 인물이 가지는 내면의 소리를 자세히 읽을 수 있습니다. 프란츠 카프카의 《변신》 또한 마찬가지입니다. 하루아침에 벌레로 변해 버린 주인공의 심리를 단순히 '끔찍했다' '절망적이었다'로 묘사하는 것이 아닌, 마치 내가 주인공의 마음속에 들어간 듯 자세히 알 수 있도록 묘사하고 있습니다.

인간은 감정의 동물입니다. 인간이 다른 동식물, 인공지능과 구분될 수 있는 가장 큰 특징 중 하나가 바로 이 감정의 영역입니다. 인간만큼 복잡하고 세분화된 감정을 느끼는 존재는 없기 때문입니다. 또 인간은 감정에 따라 자신이 살아가는 삶의 방향을 바꾸기도 하고 새로운 삶의 영역을 만들기도 합니다. 이 감정의 영역은 4차 산업혁명 시대에 로봇이 많은 일을 대체한다 해도 결코 대신할 수 없는 인간 고유의 특성이므로 특히 더 중요하다 할 수 있습니다.

감정에 대해 잘 알고 있으면 우리의 삶을 객관적으로 인식하고 앞으로 나아가야 할 방향을 현명하게 찾아가는 데 큰 도움이 됩니다. 하지만 어른들도 내 감정에 대해 정확히 알지 못하는 경우가 많은데, 하물며 우리 아이들은 어떨까요? 다음 대화를 보면 아이들의 감정 실태를 여실히 알 수 있습니다.

"그래서 너는 어땠어?"

"모르겠어요."

"이 음악 어때?"

"좋아요."

아이들은 자신의 감정에 대해 정확히 인지하는 것을 어려워합니다. 아이들과 대화하다 보면 복잡한 감정을 어떻게 표현해야 할지 몰라 '좋아요' '싫어요' 등의 단답으로 이야기한다는 느낌을 받을 때가 많습니다. 그냥 좋다, 싫다로 복잡 미묘한 감정을 대체하는 이유는 스스로 감정을 정확히 구분하지 못하기 때문입니다.

"왜 이 친구를 때렸어?"

"화나서요."

아이들 간 싸움이 일어나서 한 아이가 다른 아이를 때린 일이 있었습니다. 때린 아이는 이전에도 여러 번 다른 친구에게 폭력을 가한 적이 있었던 아이입니다. 그럴 때마다 상담해 보면 아이는 화가 나서 때렸다고 합니다. 각 상황에서 느낀 화의 정도는 달랐을 테지만 말과 행동은 '화났다'와 '주먹으로 때리기'로만 표현됩니다. 아이는 자신의 감정이 여러 가지이고 화난 정도도 여러 단계로 나뉠 수 있다는 것을 모르고 있었습니다.

좋은 감정이든 나쁜 감정이든 그 강도가 다릅니다. 1, 30, 50, 200 등 다양한 감정의 정도가 있는데 아이들은 이분법적인 감정 표현을 자주 합니다. 교사나 부모가 이 두 가지 중 하나를 고르게 하는 경우가 많다는 생각도 듭니다. "이거 좋아, 싫어?"라는 질문에 아이들이 "5 정도로 좋아" "20 정도로 싫어"라고 대답하긴 어렵습니다. 이분법적인 질문과 대답들이 반복되다 보면 아이들의 생각을 지배하게 되어 진짜 감정이 되어 버릴 수 있습니다. 따라서 감정을 세분화하기 위해 말 표현을 세분화하는 연습을 해야 합니다.

우리는 자신의 감정에 주목하고 적절히 표현할 줄 알아야 삶을 풍요롭게 만들 수 있습니다. 그런 이유로 세밀한 감정을 묘사한 작품들, 인물의 감정을 상상해 보며 내 마음의 감정 아지랑이를 피어올릴 수 있는 작품들을 많이 접하는 것이 좋습니다. 인간이 흔히 느끼는 공통적인 감정들을 잘 표현한 고전 작품들을 읽어야 하는 이유입니다.

저는 아이들과 《레 미제라블》을 읽으면서 인물의 감정들에 주목했습니다. 이 책 속에는 자신의 과거를 부끄러워하는 감정, 다른 사람을 속이고 내가 가진 것을 지키고 싶은 욕심, 혼자 생계를 짊어져야 하는 책임감, 타인에 대한 질투심, 양심을 지키려는 신념, 자식을 보호하려는 마음, 이성에 대한 사랑, 정의를 지키려는 마음 등 다양한 인물의 감정을 엿볼 수 있습니다.

이 감정들이 책 속에 어떻게 묘사되어 있는지, 우리가 어떤 대목에서 인물의 감정을 읽을 수 있는지, 한 인물의 감정이 어떻게 변화되어 가는지 살피면서 읽는다면 이야기를 더 깊이 있게 파고들 수 있습니다. 스토리 위주가 아니라 인물의 감정 위주로 읽음으로써 말입니다.

셰익스피어의 4대 비극 네 편도 인물의 감정을 따라가고 세분화해 보며 읽기 좋은 책입니다. 믿었던 사람에게 배신당했을 때 느끼는 충격, 부모를 해한 원수에게 품는 복수심, 질투와 의심 때문에 이성을 잃은 사람의 슬픔, 억울하게 누명을 쓴 사람의 분노 등을 등장인물의 말과 행동을 통해 풍부하게 간접 경험해 볼 수 있습니다. 희곡이다 보니 다른 책과는 색다른 느낌으로 인물의 감정을 볼 수 있어 매력적입니다.

안네 프랑크의 《안네의 일기》도 추천하고 싶습니다. 《안네의 일기》는 2차 세계대전 중 독일 나치를 피해 은신하게 된 안네 가족의 이야기를 다룹니다. 안네가 힘든 상황 속에서도 꿋꿋이 일어서며 성장해 나가는 모습이 그려져 있습니다. 긴박한 상황에서 안네를 비롯한 인물들의 감정을 들여다보면, 인간이 경험할 수 있는 다양한 감정을 간접 체험할 수 있습니다. 실제로 아이들과 함께 읽으며 진한 감동을 받았습니다. 인물들의 감정을 내가 겪는 일처럼 함께 느꼈기 때문일 것입니다.

고전 시도 마찬가지입니다. 윤동주의 시들은 특유의 비유와 상징을 통해 섬세하게 감정을 표현합니다. 시대 상황에 대한 배경지식을 쌓은 뒤 읽으면 시에서 묻어나는 부끄러움의 감정을 느낄 수 있습니다. 그 부끄러움의 감정을 각 시에서 어떻게 다르게 표현했는지 찾아보는 것도 재미있는 활동입니다. 또 윤동주의 시들을 시대순으로 읽으며 작가의 감정이 어떻게 변화해 가는지 살펴보는 것도 의미 있습니다.

내 감정을 정확히 인지하면 그에 맞는 행동을 적절히 선택할 수 있습니다. 감정을 세분화할 수 있느냐 없느냐의 유무는 성숙한 사람이냐 아니냐를 가르는 척도입니다. 그리고 다양한 감정들을 경험해 볼 때 다른 사람의 감정을 이해하고 공감할 수 있습니다. 그런 의미에서 좋은 책을 통한 감정의 간접 경험은 매우 중요합니다. 그리고 감정을 어떻게 표현할 수 있는지 눈으로 읽고 반복해서 생각한다면 실제 상황에서 타인에게 자신의 감정을 정확히 전달하고 원활하게 소통할 수 있습니다.

고전은 감정이 섬세하게 수놓아 있는 책입니다. 아이들이 고전 속 인물들과 함께 느끼고 생각하며, 수많은 감정을 이해하고 자신의 감정을 조절하는 사람으로 자라날 수 있도록 해야 합니다. 우리 아이에게 '감정이 성숙한 사람'이 되기 위한 교육이 꼭 필요하다는 점을 잊지 마세요.

3장

학년별 초등 적기 고전 독서법

1

초등학생이 고전을 잘 읽기 위해 필요한 것들

✦

주말이나 방학에 도서관에 가면 열람실에 아이들이 정말 많이 있습니다. 아이들이 책을 읽는 모습이 기특해 가까이 다가가 살펴보면 하나같이 학습만화를 읽고 있습니다. 몇 권씩 쌓아 놓고 집중해서 읽는 모습을 보며 칭찬을 해야 할지 다른 책을 읽으라고 해야 할지 고민이 됩니다. 제 아이조차도 도서관에서 고르는 책이 대부분 학습만화이니 답답한 마음입니다. 학습만화 귀퉁이에 사회 과학적인 지식이 정리되어 있지만, 가만히 보니 아이는 만화는 보면서 그 부분은 읽지 않고 넘어가더라고요. 이것까지 꼼꼼히 읽는 아이가 과연 많을까요?

한편 도서관 한 켠에 빼곡하게 자리 잡은 전집이 있습니다.

바로 세계 고전문학, 한국 고전문학 시리즈입니다. 책을 빼 보면 누렇게 변하기도 하고 너덜너덜하여 낡은 느낌입니다. 긴 시간 누군가 찾지 않았는지 펼치자마자 오래된 책 냄새가 가득 풍깁니다. 유익하기로는 이루 말할 수 없는 고전에는 왜 이렇게 손길이 닿지 않을까요?

"고전이 좋은 건 알겠는데 읽을 엄두가 안 나요."

많은 사람이 한목소리로 하는 말입니다. 선뜻 고전을 읽지 못하는 이유는 어디서부터 어떻게 읽어야 할지 모르기 때문일 것입니다. 따라서 고전을 잘 읽기 위한 적극적인 전략과 로드맵이 필요합니다. 아이들이 고전을 쉽고 재미있게 읽기 위한 몇 가지 원칙을 소개합니다.

원칙 ① 부모, 교사와 함께 읽기

부모와 교사가 재미를 느끼지 못하면 아이들에게도 적극적으로 권하기 어렵습니다. 아이들은 오감으로 어른의 생각을 읽기 때문에, 재미와 감동을 흠뻑 느낀 어른의 말에서 강한 동기부여를 받습니다. 특히 신뢰하는 어른이면 더더욱 그렇습니다. 조금 두께가 있어 혼자는 엄두가 나지 않아도 어른이 함께 읽으면서 이해하지 못하는 부분을 설명해 주고 이야기 나누면 포기하고 싶은 순간을 넘길 수 있습니다.

원칙 ② '양보다 질'에 주목하기

부모와 교사는 아이들이 책을 읽기를 원합니다. 읽은 책을 확인하기 위한 가장 편리한 방법은 독서 권 수를 세어 보는 것입니다. 그러한 이유로 학교에서는 최근까지도 독서장제나 독서마라톤 등으로 아이들의 독서를 평가해 왔습니다. 또 부모들도 아이들에게 "책 몇 권 읽었어?"라고 질문하기도 합니다. 아이들의 독서를 양으로 평가하려는 마음이 배어 있다고 할 수 있습니다. 하지만 독서의 목적은 '많이'가 아니라 '깊이'입니다. 특히 고전은 더욱 그렇습니다. 한 권을 읽는 데 세 달이 걸릴 수도 있고 여섯 달이 걸릴 수도 있습니다.

원칙 ③ 피어나는 생각에 집중하기

독서에서 무엇보다 중요한 것은 생각입니다. 책 한 권을 읽고 아무 생각도 느낌도 없다면 과연 그 책이 아이들에게 의미가 있을까요? 우리는 아이들에게 독서 지도를 할 때 표면적인 줄거리에 중점을 두기보다 책을 읽으며 어떤 생각을 했는지에 중점을 두어야 합니다. 한 줄을 읽어도 삶과 맞닿은 어떤 부분 때문에 아이들은 큰 울림을 얻을 수 있습니다. 보이지 않는 이 울림을 얻기 위해서는 어른들이 아이들의 독서를 좀 더 여유 있게 바라봐 줘야 합니다.

그리고 "얼마나 읽었어?" "다 읽었어?"가 아니라 "오늘은 무슨 생각했어?" "어떤 부분이 좋았어?"와 같이 생각과 깊이를 묻는 질문을 해야 합니다. 피어나는 생각에 집중한다면 고전 읽기가 훨씬 수월해질 것입니다.

그럼 이 원칙들을 머릿속에 새기고 고전교육을 시작해 봅시다. 이것은 비단 고전뿐만이 아니라 독서교육 전반의 원칙이라 할 수 있습니다. 하지만 고전을 권하려고 해도 아직 막막한 부분이 있습니다. 여기에 몇 가지 전략을 적극적으로 실행해야 제대로 된 고전교육을 할 수 있습니다. 고전교육의 전략에 대해 알아보겠습니다.

전략① 고전 목록 리스트업

고전은 마구잡이로 읽는 것보다는 리스트를 작성하고 그 속에서 읽고 싶은 책들을 골라 하나씩 읽는 것이 훨씬 좋습니다. 아이들 대상의 고전문학 전집은 어스본 세계명작 전집, 은하수 미디어 세계명작 전집, 지경사 세계명작 전집, 삼성출판사 초등 세계문학 전집, 비룡소 클래식 전집, 시공주니어 클래식 전집 등 이 있습니다. 이 전집의 목록을 참고해서 읽고 싶은 책들을 골라 보세요.

어스본 세계명작 전집 (초등 중저학년 추천)

01 한여름 밤의 꿈	02 트로이의 목마	03 아서왕과 검
04 맥베스	05 드라큘라	06 로빈 후드와 은 화살
07 오페라의 유령	08 제인 에어	09 로미오와 줄리엣
10 버드나무에 부는 바람	11 알라딘과 요술 램프	12 보물섬
13 프랑켄슈타인	14 지킬 박사와 하이드 씨	15 바스커빌 가의 개
16 이상한 나라의 앨리스	17 오즈의 마법사	18 정글북
19 피노키오의 모험	20 걸리버 여행기	

은하수미디어 세계명작 전집 (초등 중학년 추천)

01 소공녀 세라	02 빨간 머리 앤	03 작은 아씨들
04 오즈의 마법사	05 알프스 소녀 하이디	06 이상한 나라의 앨리스
07 보물섬	08 톰 소여의 모험	09 걸리버 여행기
10 키다리 아저씨	11 플랜더스의 개	12 비밀의 화원
13 명탐정 셜록 홈스	14 집 없는 아이	15 왕자와 거지
16 어린 왕자	17 눈의 여왕	18 괴도 아르센 뤼팽
19 로빈슨 크루소	20 해저 2만 리	21 안네의 일기

지경사 세계명작 전집 (초등 중고학년 추천)

삼성출판사 초등 세계문학 전집 (초등 중고학년 추천)

전략 ② 적기에 전하는 적절한 고전

아무리 맛있고 영양 가득한 음식도 우리 몸이 잘 받아들일 수 있도록 적절한 순서로 먹어야 더 맛있게 먹을 수 있습니다. 그래서 레스토랑에 가면 에피타이저부터 시작해서 본 요리가 나오고 디저트까지 순서대로 나오는 것입니다. 고전을 읽을 때에도 마음의 준비, 잘 읽을 능력이 구비되어 있다면 더 좋습니다. 그러므로 적기에 맞는 고전을 아이들에게 순서대로 권할 것을 추천합니다.

초등학교 시기는 흔히 2년을 주기로 저학년, 중학년, 고학년으로 구분합니다. 성장기의 아이들은 신체적 발달과 더불어 언어, 사고력 등이 매우 급격히 발달하므로 그에 맞춰 쉬운 것부터 수준 높은 것까지 단계별로 권한다면 충분히 효과적으로 고전을 읽을 수 있습니다. 아이들의 관심과 수준에 맞지 않는 책은 고전에 대한 흥미를 떨어트릴 뿐입니다. 그렇기 때문에 일단 아이들의 학년별 특징과 적절한 고전 교육의 방법을 알아야 합니다. (이에 대해서는 다음 장에서 자세히 다루려 합니다.)

전략 ③ 인문고전과 고전문학을 모두 읽기

인문고전이나 고전문학 읽기는 초등학교에서 흔히 하는 고전 독서 활동입니다. 하지만 이 두 가지를 한꺼번에 읽는 아이들은 많지 않습니다. 저는 두 가지의 매력이 각기 다르기 때문에 두 가지 모두 시도해 보길 추천합니다. 인문고전은 매일 한 쪽씩 읽기(혹은 일주일에 한 번 읽기)로, 고전문학은 하루 20분씩 읽기로 시작해 보면 어떨까요?

하다 보면 아이의 성향에 따라 호흡이 짧은 인문고전을 좋아할 수도 있고, 이야기 중심으로 흘러가는 고전문학을 좋아할 수도 있습니다. 아이들의 기호와 흥미에 따라 비중을 조정하되 두 가지 모두 꼭 도전해 보세요. 아이들이 '내가 고전을 읽었다'는 자부심을 느낄 수 있답니다.

전략 ④ 책의 범위 확장하기

오랫동안 사랑받는 고전은 다른 장르로 재탄생하는 경우가 많습니다. 흔히 영화나 만화로 재탄생하여 사랑받는 것을 볼 수 있습니다. 아이들의 고전에 대한 흥미를 유발하기 위해 이러한 분야로 책의 범위를 확장하는 방법을 활용해 보세요.

예를 들어 《빨간 머리 앤》《보물섬》은 애니메이션과 드라마로 각색되었고, 《키다리 아저씨》《레 미제라블》은 영화로 만들어졌습니다. 작품을 책으로 보는 것과 영상으로 보는 것은 각기 다른 느낌을 줍니다. 만약 원전을 읽은 뒤 영상을 본다면 아이들은 색다른 재미를 느낄 것입니다.

또 작품 속 등장인물은 여러 가지 캐릭터나 굿즈로 만들어져 전시되거나 판매되기도 합니다. 저희 반 아이들과 《어린 왕자》

를 읽고 나서 아이들에게 어린 왕자 캐릭터가 들어간 책갈피를 선물한 적이 있습니다. 아이들은 책갈피를 보며 책에서 느꼈던 감동을 되살렸고《어린 왕자》를 더 의미 있는 책으로 여기게 되었습니다. 굿즈 하나에 아이들의 마음이 조금 더 책에 빠져든다면 적극적으로 활용해 볼 만하지 않을까요?

하나씩 읽을 책을 찾고 순서대로 단계를 밟아 가면 고전에 생각보다 더 쉽게 접근할 수 있습니다. 앞서의 전략을 참고하셔서 자녀와, 혹은 반 아이들과 쉽고 재미있는 고전 여행을 시작하시길 바랍니다.

2

저학년
고전 읽기

✦

과연 저학년이 고전을 읽을 수 있을지 의문을 가지시는 분들이
계십니다. 고전은 어렵다는 인식이 있기 때문에 저학년에게 무
리라는 의견도 많습니다. 실제 고전교육 사례들을 보면 보통 중
학년 정도부터 고전을 시작하곤 합니다. 하지만 저는 저학년도
고전 읽기가 충분히 가능하다고 봅니다.

모두에게 책은 재미의 대상이어야 하지만 특히 저학년에게
는 책이 재미있어야 합니다. 저학년은 고전만이 아니라 전체적
인 독서 습관을 기르는 중요한 시기이기 때문입니다. 저학년 아
이들과 생활하면서 느낀 점은 아이들 모두가 흥미를 갖는 몇 가
지 중의 하나가 바로 '책 읽기'라는 것입니다. 초롱초롱한 눈으

로 일제히 책을 읽는 아이들을 보면서 이렇게 책을 좋아하는 아이들이 고학년이 되면 왜 책에 흥미를 잃는 것인지 안타까웠습니다. 저학년 때부터 재미있는 책을 꾸준히 접하면 고학년이 되어서도 독서를 즐길 수 있을 것입니다.

아이들은 각자 책을 읽을 때는 집중하지 못할 때가 많지만, 누군가 책을 읽어 주면 굉장히 몰입하고 재미있어 합니다. 그래서 저학년은 특히 어른과 함께 책을 읽어야 합니다. 아이들에게 그러한 어른은 부모와 교사입니다. 아이들의 고전 독서 지도에 관심이 있으시다면 바쁘시더라도 시간을 내셔야 합니다. 그래야 아이들이 책에 대한 흥미를 꾸준히 유지할 수 있습니다.

제가 저학년이 재미있게 읽을 수 있는 책으로 추천하는 것은 전래동화와 세계명작입니다. 요즘 창작동화가 더 주목받으며 이 두 가지를 체계적으로 읽지 않는 아이들이 많습니다. 하지만 시대를 뛰어넘어 오랫동안 사랑받은 이야기의 가치는 매우 큽니다. 그리고 무엇보다 줄거리가 짜임새 있고 재미있습니다.

아이들의 발달을 고려하면 전래동화부터 시작하여 세계명작으로 넘어가는 것이 좋습니다. 세계화로 인해 아이들은 어쩌면 서양의 세계명작 속 배경을 오히려 더 익숙하게 느낄 수도 있지만, 보이지 않는 민족의 정서와 문화를 배우는 것은 여전히 중요합니다. 초등학교 저학년은 사회화의 기초를 닦는 시기입니다. 그러므로 저학년 아이들이 우리 문화를 알고 조상들의 지혜를 배울 수 있는 전래동화를 먼저 읽기를 추천합니다.

저학년에게 추천하는 세계명작은《탈무드》《이솝 우화》입니다. 두 책은 호흡이 짧은 단편들로 구성되어 있고 교훈적인 에피소드가 많습니다.《탈무드》는 유대인들에게 '정신적 뿌리' 역할을 하는 책으로, 수세기에 걸친 유대인의 여러 사상이 정리되어 있습니다. 명언이 많아 생각거리를 던져 줄 뿐만 아니라 아이들에게 정서적으로도 매우 좋습니다.《이솝 우화》는 동물을 매개로 인간의 모습을 보여 주는 이야기입니다. 나의 모습을 반성하고 다른 사람의 마음을 헤아려 보는 계기가 되는 좋은 이야기가 많습니다.

그럼 구체적으로 저학년이 어떻게 고전 읽기를 시작하면 좋은지 지금부터 소개하겠습니다
.

1) 전래동화로 시작하는 고전 읽기

"선생님이 책 읽어 줄게요."

"와!"

박수를 치며 들뜬 아이들을 보며 책의 힘을 느낍니다. 1학년 아이들은 주의집중 시간이 짧고, 모든 아이들이 다 같이 한 가지를 동시에 하는 것이 참 어렵습니다. 그런 아이들이 놀이 이외에 집중하는 유일한 시간이 바로 책을 읽어 줄 때입니다.

어떤 책을 읽어 줄지 고르는 것이 가장 고민되는 일입니다. 수많은 책 중에 어떤 책을 읽어 주는 것이 좋을까요? 재미와 감동에 교훈까지 모두 챙길 수 있는 좋은 책을 골라야 하니 쉽지 않았습니다. 고민 끝에 저는 1학년 아이들에게 전래동화를 읽어 주기로 했습니다. 전래동화를 선택한 이유는 몇 가지가 있습니다.

첫째, 요즘 아이들은 우리의 옛이야기를 잘 모릅니다. 초등 중학년, 고학년 아이들을 가르치면서 아이들이 생각보다 더 전래동화를 모르고 있어서 놀란 적이 몇 번 있었습니다. 수업 시간에 모두가 알 법한 전래동화를 예로 들었는데 무슨 이야기인지 몰라 어리둥절해하는 아이들의 표정에 제가 더 난감했습니다. 이러한 현상은 해가 거듭될수록 잦아졌습니다. 아이들의 독서가 현대 창작물에 쏠려 있기 때문일까요? 아이들이 다른 책은 비교적 많이 아는데 정작 우리 전래동화에 대해서는 잘 모른다는 것이 쓸쓸했습니다. 아이들이 옛이야기를 충분히 접하면 좋겠다는 생각이 들어 저학년을 맡을 때마다 아이들과 함께 전래동화를 집중적으로 읽게 되었습니다.

둘째, 전래동화는 우리 문화가 담긴 소중한 이야기입니다. 어릴 때부터 영어와 외국 문화를 먼저 배우는 아이들이 정작 우리나라의 문화는 잘 배우지 못하는 것 같아 우려가 됩니다. 핼로윈 데이는 알면서 개천절은 모른다면 문제가 있는 거 아닐까요?

전래동화는 말 그대로 옛날부터 입에서 입으로 전해지던 이야기입니다. 할머니, 할아버지가 손주에게 '옛날 옛적에'로 시작하여 전해 주던 이야기가 바로 전래동화입니다. 그런 이야기 속에는 우리 민족의 삶과 정신이 담겨 있습니다. 옛날과 오늘날을 관통하는 정서와 가치들을 전래동화를 통해 공유할 수 있습니다. 내가 사는 사회의 문화에 스며든다는 것은 자라나는 아이들에게 매우 가치 있는 일입니다.

아이들은 우리 삶 전반에 자리 잡은, 말로 설명할 수도 없고 보이지도 않는 여러 가치를 이야기 속에서 배울 수 있습니다. 또 우리 조상들의 삶을 엿보며 과거와 현재를 연결할 수 있고, 그 속에서 오래되고 깊이 있는 문화가 나에게 닿아 있다는 사실에 자존감을 높일 수 있습니다. 그리고 전래동화 속에 자주 등장하는 호랑이, 구렁이, 제비, 토끼, 도깨비 등의 상징을 통해 우리 조상들이 어떤 가치관을 가지고 있었는지, 어떤 것을 믿었는지, 어떤 세상을 바랐는지를 배울 수 있습니다.

셋째, 전래동화에는 아이들이 배워야 하는 덕목들이 가득 담겨 있습니다. 이야기에 담긴 교훈들, 예를 들어 《심청전》의 효심, 《은혜 갚은 두꺼비》의 보은, 《흥부와 놀부》의 우애, 《별주부전》의 재치와 꾀 등은 아이들의 마음속에 고리를 걸어 인성교육에 힘을 실어 주기도 합니다. 그리고 착한 사람은 복을 받고 악한 사람은 벌을 받는다는 사실을 반복적으로 접하며 올바른 삶의 방향을 정하게 됩니다. '착하게 살아라' '정직해야 한다' 등의 말로 가르치는 것보다 이야기를 통해 배우는 것이 훨씬 강력하고 아이들의 마음에도 오래갑니다.

넷째, 전래동화를 통해 다양한 감정을 경험할 수 있습니다. 전래동화는 우리가 일상생활에서 경험하는 감정을 인물과 동물을 통해 보여 줍니다. 남을 미워하는 마음, 부러워하는 마음, 도와주고 싶은 마음, 남에게 복수하고 싶은 마음, 감사하는 마음 등을 다양한 빛깔의 이야기로 경험할 수 있습니다.

어른의 감정선과 다른, 아이들만의 순수한 감정들을 전래동화를 읽으며 찾아 낼 수도 있습니다.《콩쥐팥쥐》이야기를 기억하시나요? 못된 계모와 팥쥐가 착한 콩쥐를 괴롭히는 이야기 정도로 기억하실지 모르겠지만 뒷부분을 보면 팥쥐가 원님의 부인이 된 콩쥐를 불러 우물가에서 밀어 죽이는 장면이 나옵니다. 이 부분을 읽는데 저희 반 아이가 너무 슬프다며 눈물을 흘렸습니다. 전래동화에는 아이들의 감수성을 깨울 수 있는 다채로운 이야기가 담겨 있고, 아이들은 저마다의 감성으로 작품을 풍부하게 이해할 수 있습니다.

다섯째, 우리말의 재미를 느낄 수 있습니다. 우리는 전래동화에서 서양의 책이나 창작동화에서 느끼기 어려운 우리말 고유의 분위기를 느낄 수 있고 우리말의 다양한 멋을 경험할 수 있습니다. 배경이 옛날이다 보니 지금은 자주 사용하지 않는 생소한 단어가 나올 때도 있지만, 그럴 때마다 하나씩 알아 가는 것도 신선한 묘미라고 생각합니다.

그렇다면 전래동화가 구체적으로 무엇인지 살펴보겠습니다. 전래동화는 크게 세 가지로 구분됩니다. 바로 신화, 민담, 전설입니다.

먼저 '신화'는 신성성을 가진 이야기입니다.《단군신화》같은 이야기가 여기에 속합니다. 개천절 계기교육을 하면서《단군신화》를 읽어 줬는데 아이들이 무척 흥미로워했습니다. 곰과 호랑이가 인간이 되기 위해 쑥과 마늘을 먹으며 100일을 견딘 일, 하늘에서 구름과 비와 바람의 신을 데리고 환웅이 내려온 일 등은 실제 있기 어렵지만 상상력을 불러일으키는 흥미로운 이야기입니다. 또한 우리 민족과 문화에 대한 자부심을 갖게 해 줍니다.

'민담'은 우리가 흔히 접하는 옛이야기들입니다. 일반적으로 가난한 사람들이 착하게 살다가 복을 받는 이야기가 많습니다. 우리는 대단한 사람의 특별한 이야기보다 평범한 사람이나 어려운 상황에 있던 사람이 고군분투하여 성공하는 이야기에 더 마음이 가고 공감하게 됩니다. 옛날 사람들도 마찬가지였습니다. 그래서 구전되는 여러 이야기 중 평범하거나 가난하고 별 볼일 없는 사람들의 이야기가 대중에게 사랑받으며 지금까지 이어져 왔을 것입니다.

'전설'은 증거를 가지고 있는 이야기로, 어떤 공동체나 자연물에 담긴 유래 등을 말합니다. 우물에 담긴 전설, 나무에 얽힌 전설 등의 이야기가 여기에 해당합니다.

교사나 부모님이 전래동화의 세 가지 구분을 알고 있으면 보다 효과적으로 독서 지도를 할 수 있습니다. 이 세 가지를 굳이 구분해서 아이들에게 이야기하지 않아도 세 가지 중 무엇인지 알고 읽으면 어떤 부분을 강조해야 할지 명료해집니다. 저도 처음에 교실에서 아이들과 두루뭉술하게 읽고 느낌을 나누던 때보다 이런 구분을 하고 접근했을 때 훨씬 깊이 있는 질문과 대화를 할 수 있었습니다.

전래동화의 종류가 매우 많아 어떤 책부터 읽어야 좋을지 막막해하는 분들에게는 전집 읽기를 추천하고 싶습니다. 저는 전래동화 전집으로 아이들과 다양한 책을 골고루 읽을 수 있었습니다.

전집을 1번부터 차례대로 읽은 것은 아닙니다. 전집 안에서 아이들이 직접 고르게 했습니다. 아이들이 표지나 제목을 보고 흥미로워하는 것부터 읽으면 부모나 교사가 고민하지 않아도 되고 아이들의 취향에도 맞출 수 있습니다. 전집 중 이야기 소재와 관련된 설명이 함께 수록된 책들이 있는데 사전에 그 부분을 먼저 읽고 이야기를 들려주면 풍부한 대화를 나눌 수 있습니다. 이야기가 어느 지역에서 전래된 것인지, 등장하는 동물에 대해 옛날 사람들은 어떤 생각을 하고 있었는지 등을 말하다 보면 아이들은 이야기를 더 깊이 있게 이해하게 됩니다.

독후활동도 함께 이루어져야 합니다. 저학년은 한글을 막 습득한 상태이기 때문에 문장을 유창하게 쓰기 어렵습니다. 특히

1학년 1학기의 경우 한글을 국어 시간에 처음 배우기 때문에 전래동화를 읽고 독서기록을 글로 남기기는 쉽지 않습니다. 하지만 이는 다른 독후활동으로 충분히 대체할 수 있습니다. 저학년 아이들은 직접 해 보는 것에서 더 많이 배우고 기억합니다. 그래서 주인공 얼굴 그리기, 클레이로 장면 꾸미기 등을 합니다. 아이들은 직접 그리고 만드는 활동을 재미있어합니다. 그림과 장면으로 되새겨 보는 이야기는 아이들에게 특별한 기억으로 남을 것입니다.

또 다른 독후활동으로 '말하기'를 많이 합니다. 나는 이렇게 느꼈는데 친구는 같은 장면을 다르게 해석할 때 아이들은 다양한 생각과 표현 방법을 배우게 됩니다. 또래뿐만 아니라 어른과 이야기하는 것도 큰 도움이 됩니다. 나와 어른의 생각을 비교하며 배우기도 하고 차이를 느끼며 열린 마음을 갖기도 합니다.

아이들과 전래동화를 읽으면서 수많은 창작동화에 묻혀 빛을 잃어 가는 옛이야기들의 가치를 깨달았습니다. 또 어릴 때 읽고 빛바랜 채 잊고 있던 이야기를 아이들과 다시 읽으면서 어른의 시각으로 이해할 수 있었습니다. 전래동화는 어른과 어린이의 사이를 잇는 끈이 되어 줄 것입니다. 아이와 함께 꼭 읽어 보세요.

2) 전래동화 읽기의 실제

전래동화 읽기의 효과는 기대 이상이었습니다. 처음엔 저도 체계적인 계획 없이 큰 틀만 잡고 시작했는데, 아이들과 전래동화를 거듭 읽어 나가면서 조금씩 노하우를 쌓아 갈 수 있었습니다. 제가 아이들과 했던 전래동화 읽기 방법을 구체적으로 소개하고자 합니다.

① 질문으로 생각 끌어내기

전래동화를 단순히 읽기만 하고 끝내는 것은 소득이 적은 독서일 수 있습니다. 적절한 질문을 통해 아이들이 생각을 할 수 있도록 이끌어야 합니다. 다음의 질문을 공통적으로 사용할 수 있습니다.

- 이야기에 누가 나왔나요? (등장인물)
- 어떤 일이 있었나요? (사건)
- 언제, 어디에서 있었던 일인가요? (배경)
- 어떤 장면이 가장 기억에 남았나요?
- 이야기를 읽고 느낀 점은 무엇인가요?

여기에 더해 이야기에 따라 질문을 더하면 됩니다.

-주인공의 성격은 어떤 것 같나요?

-등장인물의 마음은 어땠을까요?

-이야기에서 가장 중요한 사건은 무엇인가요?

-뒷이야기를 상상해 봅시다.

-만약 이 이야기가 지금 우리에게 일어난다면 어떨까요?

-주인공과 비슷한 경험을 한 적이 있나요?

-내가 주인공이라면 어떻게 했을까요?

-등장인물에게 어떤 말을 해 주고 싶나요?

-이 이야기에서 바꾸고 싶은 부분을 이야기해 봅시다.

② 등장인물 파헤치기

전래동화에는 동물이 많이 등장합니다. 특히 호랑이, 까치, 구렁이가 자주 등장합니다. 왜 이런 동물이 자주 나올까요? 바로 우리 조상들의 삶에서 의미를 가지기 때문입니다. 이러한 상징에 대해 생각해 본다면 더 깊이 있게 전래동화를 이해할 수 있습니다.

호랑이가 등장하는 전래동화는《팥죽 할멈과 호랑이》《해와 달이 된 오누이》《호랑이와 곶감》등이 있습니다. 이 이야기 속에서 호랑이는 사납고 무서운 존재가 아니라 잘 속고 어리석은 존재로 나옵니다. 강한 존재를 약하게 그려 이야기 속에서나마 힘의 우위를 가지고 싶어 한 옛사람들의 마음이 느껴집니다.

호랑이의 실제 모습을 영상으로 찾아보고 책 속의 호랑이와 어떻게 다른지 비교해 보면 아이들은 그 차이점을 잘 찾아냅니다. 그런 뒤 각자 호랑이에 대한 느낌이 어떤지 이야기 나눕니다. 저는 옛날 사람들이 왜 호랑이를 이렇게 그렸는지 이야기해 줍니다. 전래동화는 사람들의 입에서 입으로 전해 내려온 것이니 당연히 사람들의 생각이 담길 수밖에 없습니다. 이런 부분까지 생각해 본다면 전래동화가 더 재미있게 느껴지겠죠?

까치의 경우에도 우리나라에서 길조로 알려져 있습니다. 아이들과 "까치 까치 설날은" 하면서 노래도 부르고 까치가 우리나라에서 어떤 의미를 가지는지 말해 봅니다. 이런 이야기를 나눈 뒤에 전래동화에서 까치가 나오면 아이들은 작품 속 새의 의미와 내용을 더 잘 이해할 수 있습니다. 더불어 까치를 그림으로 그려 보기도 합니다. 그림 그리기는 아이들을 시각적, 촉각적으로 자극합니다.

도깨비도 전래동화에 자주 등장합니다. 머리 위에 뿔이 달려 있고 방망이를 든 험상궂은 도깨비를 상상한다면 잘못 알고 계신 것입니다. 사실 우리나라 전래동화 속 도깨비는 머리에 뿔도 없고 사람을 괴롭히지도 않는다고 합니다. 오히려 사람에게 장난을 치기도 하고 사람에게 당하기도 하는 친근한 존재입니다. 우리에게 가장 잘 알려진 도깨비 이야기가 《혹부리 영감》이다 보니 그런 오해가 있는데, 이 이야기는 우리나라 전래동화가 아니라 일제강점기에 일본에서 넘어온 '오니(요괴)' 이야기라고 합니다.

아이들과 도깨비의 모습을 상상해서 그림도 그려 보고, 일본 도깨비를 비롯해 다른 나라 도깨비 그림도 찾아보았습니다. 아이들은 큰 관심을 보이며 나라별 도깨비의 모습을 비교하더니 어느새 중국의 강시, 서양의 좀비 이야기를 하며 일어나서 흉내 내기 바빴습니다. 서로 아는 정보를 말하며 몸으로 표현하는 아이들 덕분에 깔깔 웃으며 독후활동을 했습니다. 이런 활동 후, 도깨비는 우리에게 더 친근한 존재가 되었습니다.

③ 그림으로 표현하기

아이들과 인물을 상상해서 그림을 그리는 활동도 자주 했습니다. 전래동화는 구전되었다는 특성상 서양의 동화에 비해 인물에 대한 묘사가 단순합니다. 예를 들어 《백설공주》에는 공주의 하얀 얼굴, 빨간 입술, 커다란 눈 등이 자세히 묘사되어 있지만 《단군왕검》 이야기에는 단군왕검의 외모에 대한 묘사가 없습니다. 그렇기 때문에 아이들이 전래동화를 읽고 인물의 상황과 말, 행동 등을 고려하여 인물을 상상해서 그려 보는 활동은 내용을 잘 이해했는지 확인할 수 있는 좋은 방법입니다.

또 인상 깊은 장면을 그리고 친구들과 비교해 보는 것도 좋은 활동입니다. 같은 이야기를 읽어도 서로 기억에 남는 장면이 다르기에 그림을 보며 한 번 더 내용을 떠올려 볼 수 있습니다. 다 그린 후 서로 그림을 비교하는 과정에서 아이들이 자연스럽게 이야기 나누는 모습도 자주 볼 수 있었습니다. 또 아이들에게는 전래동화 속 장면이 생소하기 때문에 그림을 그리는 활동을 하면 여러 명의 아이들이 책을 다시 보려고 합니다. 읽어 준 내용을 생각하며 다시 읽는 과정에서 아이들은 책을 더 잘 기억하게 될 것입니다.

④ 여러 버전의 책 읽어 보기

전래동화는 이야기하는 사람이 누구냐에 따라 이것을 강조하기도 하고 저것을 줄이기도 하면서 여러 가지 버전으로 만들어졌습니다. 출판사나 작가마다 전개나 결말이 조금씩 다 다르기도 합니다. 하지만 기록되기 시작하면서 말하는 사람에 따라 조금씩 가지치기나 가지 붙이기가 되었을지언정 이야기의 큰 틀은 유지되었습니다.

같은 이야기가 책마다 어떻게 다른지 비교해 보는 것도 전래 동화를 읽는 묘미입니다. 아이들과 전집 속《팥죽 할멈과 호랑이》를 읽고 백희나 작가님의《팥죽 할멈과 호랑이》를 읽었는데, 말 표현도 다르고 호랑이에 대한 시선도 조금씩 달라 신선했습니다. 같은 이야기가 작가에 따라 다르게 해석될 수 있다는 점을 아이들과 함께 경험해 보는 좋은 기회였습니다.

그 이후《임금님 귀는 당나귀 귀》도 전집의 책과 노인경 작가님의 책으로 읽어 보았습니다. 임금님이 커다란 귀로 백성들의 말을 귀담아 들으며 행복하게 잘 살았다는 해피엔딩은 공통적이었지만 노인경 작가님의 책에서는 작품 속 임금의 입장에서 묘사되는 부분이 훨씬 자세했습니다. 책에는 '죽게 된 운명을 지닌 임금'이라는 흥미로운 설정을 시작으로 그동안 400여 명의 임금이 죽은 이유가 하나씩 나옵니다. 같은 제목의 책임에도 아이들이 전혀 다른 책처럼 느낄 정도로 분위기가 달랐습니다. 원래《임금님 귀는 당나귀 귀》는 백성의 입을 틀어막는 임금을 비판하는 내용이라고 하니 이와 비교하면서 읽어도 또 다른 재미를 느낄 수 있을 것입니다.

　제가 아이들과 전래동화를 함께 읽으며 했던 활동들을 소개했습니다. 전래동화는 소재나 이야기는 다 다르지만 기승전결의 구조나 권선징악 등의 주제가 반복된다는 점에서 재미와 안정감을 동시에 느낄 수 있습니다. 이것은 활동적인 저학년 아이들의 독서에 꼭 필요한 요소라고 생각합니다. 전래동화로 재미와 안정감이라는 두 마리 토끼를 잡아 보고 싶지 않으신가요?

3) 《사자소학》으로 고전에 스며들기

《사자소학》은 중국의 송나라 유학자 주희와 그의 제자가 쓴《소학》과 그 외의 경전 중에서 아이들이 알기 쉬운 내용만 골라 엮은 것입니다.《사자소학》은 서당에서 초학자들을 가르치는 기초 교재로서 쓰였다고 합니다. 서당의 기초 교재였음에도 불구하고 한자가 많고 옛날 책이라 어려울 것 같다는 막연한 생각 때문에 많은 선생님이 아이들과 함께 읽어 볼 엄두도 내지 못하고 있는 것이 사실입니다. 저 또한 그런 생각을 가지고 있었습니다. 특히 저학년 아이들에게는 《사자소학》에 담긴 의미를 전하는 것이 어려울 것이라고 생각해서 한동안은 시도조차 하지 못했습니다.

하지만 실제로 지도를 시작해 보니 모든 것이 기우였습니다. 앞서의 사례에서도 말씀드렸지만 1학년 학생들도 생각보다 잘 따라와서 놀랐고, 또 아이들이 조금씩 '고전에 스며든다'는 느낌을 받았습니다. 무엇보다 아이들이 이렇게 어려워 보이는 글을 스스로 읽고 의미를 이해했다는 것에 뿌듯함과 자부심을 느끼는 것을 보았습니다. 아이들에게 《사자소학》은 더 이상 어려운 고전이 아닌 쉽고 재미있게 익힐 수 있는 대상이 되었습니다. 지금부터 제가 아이들과 읽은 《사자소학》을 소개해 드리겠습니다.

① 《사자소학》을 시작하다

"《사자소학》이라는 책을 혹시 들어 봤나요?"

"아니요."

아이들이 호기심 어린 눈빛으로 저를 쳐다봅니다. 아이들에게 이 책이 옛날 학교인 서당에서 아이들이 배우던 교재라는 점을 이야기해 줬습니다. 오랫동안 많은 사람이 읽고 배웠던 책이라고 하니 읽어 보고 싶다고 합니다. 일단 아이들의 호기심을 자극했으니 성공입니다!

② 저학년 아이들과 《사자소학》을 읽는 방법

《사자소학》은 네 개의 글자로 되어 있습니다. 그래서 읽을 때 호흡이 간결하여 저학년 아이들과 함께 소리 내어 읽기 좋습니다. 한자까지 익히면 더욱 좋겠지만 저학년 아이들에게는 글자를 읽고 의미를 이해하는 것에 중점을 두어야 어렵지 않게 해 나갈 수 있습니다.

특히 저학년은 소리 내어 읽는 것이 중요한 때입니다. 소리 내어 읽는 것은 한글을 정확하게 발음하는 데 도움이 되고 글자를 집중해서 꼼꼼하게 읽는 데에도 좋습니다. 뇌과학자의 실험에 의하면 음독을 할 때 대뇌에서 70% 이상의 신경세포가 활성화된다고 합니다. 특히 친구들과 함께 읽을 땐 더없이 에너지 넘치는 배움의 시간이 됩니다.

저는 《사자소학》을 부모와의 관계, 형제자매와의 관계, 스승 및 어른과의 관계, 친구와의 관계, 나 자신과의 관계로 구분한 뒤 아이들에게 필요한 내용으로 리스트를 만들었습니다. 《사자소학》이 워낙 오래된 책이다 보니 현재 아이들의 생활과 거리가 있는 내용도 일부 섞여 있어, 그러한 내용은 빼고 아이들의 생활 속에서 필요한 내용을 취사선택했습니다.

1학년 아이들과의 《사자소학》 읽기는 2학기부터 시작했습니다. 1학기는 한글을 배우는 시기이기 때문에 한글 학습을 끝내고 문장 쓰기까지 경험한 2학기에 시작하는 것이 적합하다고 생각했습니다. 한글을 배운 상태로 읽기 시작했기 때문에 큰 어려움은 없었습니다. 함께 '오늘의 《사자소학》'을 읽은 다음 제가 한자의 뜻을 풀이해 주고 네 글자의 의미를 연결했습니다. 배운 내용과 관련된 경험에 대해 함께 이야기 나눴고 이해가 어려운 부분이 있으면 도와주면서 하나씩 배워 나갔습니다.

정해진 교육과정이 있어 수업 시간을 재구성해 운영해도 매일 시간을 내기는 어려웠기 때문에 격일로 운영했습니다. 나머지 요일에는 '옛이야기 읽기'를 하며 고전 읽기 루틴을 만들었습니다.

〈운영의 예〉

월	화	수	목	금
《사자소학》1	옛이야기 1	《사자소학》2	옛이야기 2	《사자소학》1+2

《사자소학》은 '사사여친事師如親 필공필경必恭必敬 선생시교先生施教 제자시측弟子是則'처럼 4-4-4-4의 형태를 가지고 있습니다. 이것을 한 번에 다 배우지 않고 일주일 동안 나눠서 배웠습니다. 월요일에는 '사사여친 필공필경'을 익히고 수요일에는 '선생시교 제자시측'을 익힙니다. 그런 뒤 금요일에는 이 두 가지를 연결하여 복습하고 자신의 삶과 고리를 거는 고리 프로젝트 활동을 하며 마무리했습니다. 한 번에 한 시간을 할애하는 것보다, 매일 10분씩 조금씩 익히는 것이 꾸준히 할 수 있는 방법이라고 생각했는데, 다행히 아이들도 이러한 방식에 부담을 느끼지 않았고 저도 시간과 진도에 대한 압박이 없어 좋았습니다.

우리는 《사자소학》을 통해 나의 삶을 생각해 보고 고민해 보는 것이 목적임을 기억해야 합니다. 《사자소학》은 생각을 낳는 수단일 뿐입니다. 《사자소학》을 외우게 하려는 마음은 내려놓고 그 속에 담긴 의미를 함께 생각해 보는 것에 중점을 두시기를 당부하고 싶습니다.

③ 아이들의 변화

"선생님, 이번 시간에 뭐 해요?"

"《사자소학》할 것 같은데?"

1학년 아이들은 학교의 모든 것이 처음이자 한참 적응 기간을 보내고 있기 때문에 루틴을 만드는 것이 중요합니다. 아침에 와서 할 일, 수업 시간을 준비하면서 할 일, 집에 가기 전에 할 일 등을 목록화해서 반복하면 아이들에게 자연스럽게 루틴이 만들어집니다. 저희 반은 이 루틴 속에 《사자소학》이 단단하게 자리 잡았습니다.

'아이들에게 어떤 변화가 있을까?' '아이들이 《사자소학》의 의미를 어떻게 받아들일까?' 저도 궁금했기에 유심히 관찰했습니다. 눈에 띄는 큰 변화가 아니었지만 아이들은 제가 하는 질문에 대해 곰곰이 생각하면서 자신의 생각을 이야기하게 되었습니다. 처음에는 뜻풀이에 지나지 않는 이야기였지만 점점 구체적으로 자신의 생각을 이야기하기 시작했습니다. 자신의 이야기를 하기 위해서는 스스로에 대해 되돌아보고 생각하는 시간이 필요하기 때문에 의미 있는 변화라고 생각했습니다.

국어 시간에 '친구는 소중하다'라는 답을 쓰던 중 한 아이가 말했습니다.

"선생님, 이거 보니까 지난번에《사자소학》에서 '사람이 세
상에 나오면 친구가 없을 수 없다'를 배운 게 생각나요!"

아이의 갑작스러운 말에 너무 놀랐습니다. '인지재세人之在世
불가무우不可無友'를 배웠던 것을 기억하고 교과서의 답과《사자
소학》을 연결 지은 것이었습니다. 아이에게 기억하고 말해 줘서
고맙다고 하며 네 덕분에 다른 친구들도 한 번 더 그 내용을 떠
올려 볼 수 있었다고 칭찬했습니다. 그러자 수업 시간이나 쉬는
시간에 어떤 상황에 어울리는《사자소학》문구가 있을 때 그것
을 말하는 학생들이 하나둘 생기기 시작했습니다. 생활 속에《사
자소학》이 스며들기 시작한 것입니다.

　'장유유서長幼有序'를 배운 뒤 주말에 아이들에게 비밀 과제를
주었습니다. 알림장에 적어 주지 않고 아이들과 '식사할 때 부모
님께 먼저 드시라고 말하기'를 해 보기로 약속했습니다. 기억하
고 실천한 아이들이 주말을 보낸 뒤 부모님의 반응을 이야기해
주었는데, 평소 별 생각 없이 밥을 먼저 먹었던 아이들의 변화에
부모님이 기특해하셨다는 이야기를 들을 수 있었습니다. 그 이
후로도 아이들은 장유유서를 기억하고 무엇이든 어른께 먼저
권하는 모습을 보였습니다. 행동의 변화를 일으켰다는 것은《사

자소학》공부의 큰 수확입니다.

또 다른 변화는 아이들의 어휘력입니다. 매번 한자의 뜻을 풀이하고 연결하는 연습을 하다 보니, 아이들이 글자를 볼 때 엄마에게 어떤 한자인지 의미를 물었다는 이야기를 학부모 상담주간에 듣게 되었습니다. 한자의 의미를 궁금해하고 배워 가는 것은 한자문화권에 사는 우리 아이들에게 아주 큰 도움이 됩니다. 한자에 대한 호기심과 익숙함은 어휘력을 높일 것이고 궁극적으로 문해력 향상에도 긍정적인 영향을 미칠 것입니다.

1학년에게 어려워 보이는 《사자소학》 읽기, 왜 충분히 가능한지 아시겠지요? 매일 조금씩 하면 됩니다. 변화를 10 단위로 보려 하지 말고, 1이나 0.1씩 의미가 닿을 거라는 믿음으로 꾸준히 해 보세요. 티끌 모아 태산이라는 속담처럼 어느새 아이들의 생각과 행동에 큰 변화를 느끼실 것입니다.

3
중학년
고전 읽기

◆

1) 다양한 고전 리스트 도장 깨기

초등 시기에 고전을 시작하기 위해서는 고전에 대한 고정관념인 '어려움'에 대한 생각을 바꿔야 합니다. '고전' 하면 무엇이 떠오르시나요? 어려운 한자나 심오한 이야기가 가득한 책이 떠오르시지 않나요? 고전을 원전으로만 생각하기 때문입니다. 어른도 읽기 어려운 원전을 아이들에게 권하는 것은 적절하지 않습니다. 고전을 원전이나 완역본으로 읽게 하기보다는, 쉽게 각색된 어린이용 고전으로 읽게 하면 어떨까요?

물론 어린이용 고전은 원전에 비해 내용이 빈약하고 원전의 맛을 제대로 담고 있지 못하는 경우가 많습니다. 그래서 아이들도 원전이나 완역본을 읽어야 한다고 말씀하는 분들도 계십니다. 하지만 그런 방식으로는 고전으로의 발걸음이 더 늦어질뿐더러 가장 독서하기 좋은 시기인 초등학교 때 고전을 경험하지 못하게 되기도 합니다. 이미 말씀드렸지만 어린이용 고전은 원전을 탐색하는 의미로 읽기에 충분히 괜찮은 책들입니다. 어린이용으로 각색하는 과정에서도 원전의 중요한 뼈대와 메시지는 남아 있습니다.

그렇다고 어린이용 고전을 목표로 하자는 것은 아닙니다. 당연히 고전 읽기의 최종 목표는 원전 읽기입니다. 하지만 아이들이 자기가 꼭 읽고 싶은 고전을 선택할 수 있도록 탐색의 시간을 가진다는 의미로 어린이용 고전을 먼저 읽자는 것입니다.

고전 한 권을 완독하면 아이들은 해냈다는 자신감을 가질 수 있고 다른 책도 읽어 보고 싶다는 의욕을 가질 수 있습니다. 아이와 독서를 해 보신 분들은 아시겠지만 책도 읽어 본 아이가 또 읽지, 안 읽어 본 아이를 읽게 만드는 것은 힘든 일입니다. 또한 어렸을 때 읽은 책은 어른이 되어서도 마음에 남아 나중에 다시 꺼내 읽어 볼 동기가 되어 줍니다.

우리의 목표는 초등학교 고학년에 고전 원전이나 완역본 딱

'한 권' 읽기입니다. 초등학교 시기에 완역본을 읽어 본 아이들이 얼마나 있을까요? 한 권만 읽어도 고전 교육에서 앞서갈 수 있습니다. 그 한 권을 읽기 위한 준비를 중학년 시기에 시작하면 됩니다.

① 읽기 전 준비

책을 읽기 전 아이들에게 먼저 목표와 과정을 설명해 주셔야 합니다. 어른만 알고 정작 아이들은 목표를 알지 못하는 경우가 있습니다. 아이가 목표를 명확히 알아야 그 과정에서 자신이 해야 할 일을 인지할 수 있습니다.

'우리의 장기적인 목표는 고전 원전이나 완역본을 읽는 것이다.'
'우리는 초등학교 5~6학년 때 고전 원전이나 완역본 한 권을 읽을 것이다.'
'지금부터는 내가 읽을 고전을 고르기 위해 다양한 책을 탐색할 것이다.'

설명을 충분히 해 주시면 아이들도 고전 읽기를 시작할 마음의 준비를 할 수 있습니다. 물론 1~2학년 때 어린이용 고전을 읽으면서 고전 읽기 워밍업을 하면 더욱 좋습니다. 일찍 시작할수록 다양한 고전을 읽을 기회는 더 많습니다.

제가 중학년의 고전 읽기로 추천하는 활동은 '고전 도장 깨기'입니다. 최대한 다양하게 읽으며 내가 제대로 읽고 싶은 책 한 권을 고르기 위한 과정입니다. 부모나 교사가 정해 주기보다는 아이들이 자신의 관심사부터 시작하여 탐독할 수 있도록 합니다.

② 전집 vs. 단행본

고전을 읽는 데 전집과 단행본 중 무엇을 읽어야 하는지에 대한 질문은 독서교육을 하시는 분들의 단골 질문입니다. 전집으로 한꺼번에 사서 읽어야 한다는 분들도 계시고, 단행본으로 사서 읽는 것이 좋다는 의견도 많습니다. 하지만 저는 선택의 문제라고 봅니다. 다만 고전 탐색기에는 전집을 추천합니다.

단행본으로 구매해서 읽는다면, 내가 원하는 책을 직접 골라서 읽기 때문에 더 집중할 수 있고 책을 하나씩 모아 가는 기쁨을 누릴 수 있다는 장점이 있습니다. 하지만 '도장 깨기'가 목표인 중학년 시기에는 전집이 좋은 선택이라 생각합니다. 특히 어떤 고전이 우리 아이에게 잘 맞을지 모르고, 우리 아이가 어떤 고전을 좋아할지에 대한 판단이 서지 않은 상태에서 무슨 책부터 권해야 할지 모르겠다면 더더욱 전집은 우선 선택지가 되어야 합니다.

망망대해에서 어떤 물고기를 잡을까 고민하는 것은 선택에 너무 많은 시간이 걸리는 일입니다. 범위를 정해 주고 그 속에서 고를 수 있는 기회를 주는 것이 부모에게도 아이들에게도 쉽고 편리한 방법입니다. 전집 속에서도 선택의 기회가 있기 때문에 아이들이 스스로 고르는 기쁨을 느낄 수 있습니다. 특히나 저는 바쁜 일상을 보내고 계신 부모님들이 책을 고르는 부담을 내려놓았으면 좋겠습니다.

만약 단행본을 골라서 볼 수 있는 상황이라면 그렇게 하면 됩니다. 아이와 함께 도서관이나 서점에 가서 한 권 한 권 정성 들여 책을 고르는 그 자체가 독서교육입니다. 서가를 보면서 '고전에 이런 책이 있구나' 알 수도 있고, 다음에 읽고 싶은 책을 마음에 담을 수도 있습니다. 부모님이 먼저 읽어 본 책을 소개해 주거나 아이와 같이 읽어 볼 책을 고르면서 고전 읽기에 힘을 실어 주세요.

③ 학습만화도 괜찮나요?

학습만화는 책 읽기 싫어하는 아이들에게 취향 저격인데다 책을 읽히고 싶은 부모의 마음에 위안을 주는 책입니다. 다른 책은 읽지 않는 아이가 학습만화는 읽으니 '그거라도 읽어라' 하는 분들도 많습니다. 만화인 것이 걸리지만 일단 책은 읽고 있으니까요. 그런데 학습만화, 정말 괜찮은 걸까요?

다양한 분야에서 학습만화가 나오고 있습니다. 사회와 과학뿐만 아니라 역사, 수학까지 학습만화 전성시대라고 해도 과언이 아닙니다. 그만큼 학습만화가 아이들에게 인기가 있다는 뜻일 것입니다. 저는 학습만화가 주된 독서 대상이 되어서는 안 된다고 생각합니다. 학습만화를 꺼리는 이유는 내용 때문이 아닙니다. 내용은 유익합니다만 독서로 얻을 수 있는 여러 가지 중요한 가치를 얻을 수 없기 때문입니다.

우리가 독서로 얻을 수 있는 것은 읽는 즐거움, 지식의 습득, 상상력, 생각하는 힘 등입니다. 우리는 책을 읽으면서 다양한 경험을 간접적으로 하게 되고 많은 것을 배우며 고차원적으로 생각할 수 있게 됩니다. 하지만 만화의 형태로는 즐거움과 지식의 습득만 가능할 뿐 상상력과 고차원적인 사고력은 얻기 어렵습니다. 만화의 특성상 내용이 단순하고 단문이 많으며, 친절하게

도 구체적인 장면들을 그림으로 계속 보여 주기 때문입니다.

《걸리버 여행기》를 읽으며 소인국 사람들의 모습, 걸리버가 누워 있을 때 걸리버에게 올라가는 사람들의 움직임, 소인국을 걸어 다니는 걸리버의 걸음걸이 등을 상상해 보았습니다. 장면이 잘 떠오르지 않아 시간이 걸리긴 했지만 내 머릿속이 책 속 이야기와 연결되면서 생기는 짜릿함을 느꼈습니다. 그런데 이것을 만화로 보니 상상할 틈이 없었습니다. 그림이 대사 사이를 촘촘히 채우고 있어서 상상이나 생각이 비집고 들어갈 수가 없었습니다. 이러한 과정을 통해 내린 결론은, 만화는 보조수단이지 주된 독서 대상이 되어서는 안 된다는 것이었습니다.

물론 학습만화가 전혀 효과가 없는 것은 아닙니다. 어려운 책의 경우 학습만화로 쉽게 접근할 수 있습니다. 다만 여기에서 그치면 안 되고 같은 책을 줄글로 된 책으로도 읽어야 합니다. 시식 코너에서 맛을 본 뒤 맛있으면 구입하는 것처럼, 학습만화로 둘러본 책은 줄글 책을 읽으며 내용을 비교해 보아야 합니다. 아이들은 이미 만화를 통해 이야기의 흐름을 알고 있기 때문에 훨씬 수월하게 줄글 책을 이해할 수 있을 것입니다.

고전도 마찬가지입니다. 전집 중에는 제목은 고전인데 형식은 만화인 책이 있습니다. 이러한 학습만화도 고전을 둘러보고 내용을 이해하는 바탕을 마련하는 용도로는 읽어도 괜찮습니다. 다만 이 역시 보조수단으로서 활용한다는 것을 기억해 주세요.

④ 책 고르기 방법

책을 선정하는 가장 좋은 방법은 '아이들이 고른 책부터 읽기'입니다. 책을 좋아하지 않는 활동적인 남자아이가 있었는데 독서 시간에도 책을 읽지 않고 딴생각을 하거나 장난을 치곤 했습니다. 그래서 그 아이가 가장 좋아하는 축구와 관련된 책을 찾아서 권했더니 흥미를 갖고 읽기 시작했습니다. 그 이후로 운동과 관련된 책을 읽으면서 조금씩 책의 범위를 확장했습니다.

책 읽기를 싫어하는 아이들도 자기가 좋아하는 분야의 책을 읽고 재미를 느끼면 어느 정도 독서에 관심을 가지게 됩니다. 이렇게 흥미로 독서를 시작해야 추후에도 계속 책을 읽을 가능성이 높기 때문에 저는 고전 읽기에서도 이 방법을 강력하게 추천합니다.

저의 경우 어린 시절에 추리물을 좋아했습니다. 그래서 다른 책은 안 읽어도《셜록 홈스》책은 시리즈로 반복해서 읽었습니다. 이야기가 긴장감 속에서 전개되고 실마리를 통해 문제가 해결되는 구조가 재미있었습니다. 그 이후 애거사 크리스티 추리선 등 다른 추리물 시리즈와 그 밖의 다양한 책들로 독서를 확장했습니다.

아이들이 책을 고를 때 잘 관찰해 주세요. 아이들이 최근에 읽은 책 열 권만 리스트를 써 봐도 현재 관심사가 무엇인지 알 수 있습니다. 그와 관련된 책부터 고전 읽기를 시작해 보세요. 다음 표는 아이의 특성에 따라 추천하는 책이니 참고해 주세요.

판타지를 좋아하는 아이	《사자와 마녀와 옷장》《이상한 나라의 앨리스》《오즈의 마법사》
감성적인 아이	《키다리 아저씨》《빨간 머리 앤》《플랜더스의 개》
인간 심리에 관심이 있는 아이	《셰익스피어 4대 비극》《노인과 바다》《폭풍의 언덕》《크리스마스 캐럴》
동물이나 곤충을 좋아하는 아이	《파브르 곤충기》《시튼 동물기》《정글북》
추리물을 좋아하는 아이	《셜록 홈스》《아르센 뤼팽》
여행 이야기를 좋아하는 아이	《걸리버 여행기》《80일간의 세계 일주》《보물섬》
전쟁에 관심이 많은 아이	《안네의 일기》《난중일기》
정치, 사회문제에 관심이 많은 아이	《동물농장》《레 미제라블》
대서사를 좋아하는 아이	《삼국지》《수호지》《그리스 로마 신화》
모험물을 좋아하는 아이	《톰 소여의 모험》《허클베리 핀의 모험》《로빈슨 크루소》《15소년 표류기》

이제 그간 나왔던 고전 리스트 중에서 자기가 읽고 싶은 책을 열 권 정합니다. 그 책들을 도장 깨기 리스트에 기록해 놓고 하나씩 읽으며 지워 나갑니다. 책을 읽고 만족도를 평가하면서 최종적으로 다시 읽을 책을 선정합니다. 도장을 깰 때마다 적절한 보상을 주면 아이들이 더 의욕적으로 참여할 것입니다.

고전 도장 깨기 도전!

책 제목	지은이	출판사	만족도(색칠하기)						

가장 좋은 것은 부모님과 함께 읽는 것입니다. 어른도 아이와 같은 책을 읽고 대화하면서 책에 대한 이해와 만족감을 높일 수 있습니다. 고전은 인생의 친구로서 아주 좋은 대상이니 아이와 함께 꼭 읽어 보세요.

2) 《탈무드》와 《명심보감》으로 생각 그릇 만들기

저학년이 학교에 적응하면서 어린아이에서 학생의 모습으로 조금씩 변화해 가는 시기라면, 중학년은 완벽한 초등학생으로서 안정된 생활을 하는 때입니다. 알림장을 스스로 체크해서 가방을 챙길 수 있고 친구들끼리 약속을 정해 방과 후나 주말에 만나서 놀기도 합니다. 아이들 개개인의 속도 차이는 있지만, 이때부터 조금씩 부모님에게서 떨어져 친구들과 보내는 시간이 길어지기 시작합니다. 저학년의 자기중심적인 생활에서 벗어나 아이들은 이제 또래와의 관계를 중요하게 생각합니다.

하지만 친구와의 관계가 돈독해지면서 다른 문제가 생기기 시작합니다. 아이들 사이에 일어나는 다툼의 빈도가 잦아지는 것입니다. 물론 저학년 때도 친구 관계로 크고 작은 문제가 발생하기는 하지만 상대적으로 드러나지 않았다면, 이제는 수면 위로 올라와 눈에 띄기 시작합니다. 또래 집단에 소속되기 위해 노력하는 아이들과 소속되지 못해 소외감을 느끼는 아이들이 나타납니다. 소위 왕따 사건이 일어나기도 하고 학교폭력 사건이 발생하기도 합니다.

이때부터 스마트폰을 가진 아이들이 늘기 때문에 지나친 전자기기 사용 시간으로 부모님과의 갈등이 일어나기도 합니다. 요즘은 친구들과 어울릴 때 스마트폰을 빼 놓을 수 없고 학교와 학원 과제도 스마트폰이나 인터넷을 사용해야 하는 경우가 많아 부모와 자녀 모두 긴장 상태일 때가 많습니다.

또 흔히 3학년을 본격적으로 공부가 시작되는 시기라고 생각합니다. 그래서 '지금까지는 괜찮았지만 3학년이 되었으니 이제 공부 좀 시켜야지' 하며 학원을 이곳저곳 보내는 부모님이 늘어납니다. 아이들은 갑작스러운 학업 스트레스에 힘들어합니다. 놀고 싶은 마음과 해야 할 일 사이에서 혼란을 겪기도 합니다.

어린아이라고 생각했는데 생각보다 흔들릴 일이 많지요? 이런 흔들림 속에서 아이들은 조금씩 성장해 가고 자신만의 가치관을 확립해 갑니다. 이런 시기의 아이들에게 올바른 지침서가 되어 줄 책이 있다면 얼마나 좋을까요? 저는 중학년 때부터 시작할 수 있는 책으로 《탈무드》와 《명심보감》을 추천합니다.

①《탈무드》는 어떤 책일까

알베르트 아인슈타인에게 누군가 물었다고 합니다.

"인생을 다시 살 수 있다면 무엇을 하시겠습니까?"

아인슈타인은 이렇게 답했습니다.

"《탈무드》를 연구하겠습니다."

아인슈타인이 인생을 되돌렸을 때 연구하고 싶을 정도의 책이라면 우리도 시간을 들여 한 번쯤 읽어 볼 만하지 않을까요? 《탈무드》가 어떤 책인지, 그리고 어떻게 읽으면 좋을지 살펴보겠습니다.

'탈무드'의 뜻은 '위대한 연구' 또는 '위대한 학문'입니다. 유대인은 나라를 잃고 핍박받던 민족이었는데, 이런 유대인들을 5000여 년에 걸쳐 정신적으로 지켜 주었던 것, 유대인들에게 생활 규범으로 자리 잡았던 것이 바로 《탈무드》입니다. 나라를 잃은 민족들은 뿔뿔이 흩어지게 되고 민족의 정체성마저도 잃기 쉬운데, 현대까지 유대인들을 하나로 묶어 주는 역할을 해 왔다니 강력한 힘을 가진 책임에는 틀림없습니다.

《탈무드》는 다들 한 번쯤은 들어 본 책이고 그 명언 또한 SNS에서 많이 공유되고 있지만 실제 책을 읽어 본 사람들은 드뭅니다. 문화가 다르기 때문에, 또는《탈무드》를 어린아이들이 읽는 책이라고 생각해서 넘기기에는 그 속에 너무나 많은 지혜와 인생의 해답이 담겨 있습니다. 그래서 생각이 조금 자랐지만 아직 사춘기가 오지 않은 중학년 아이와 부모님이 도란도란 함께 읽는 책으로 추천하고 싶습니다.

《탈무드》는 팔레스타인 지역에서 발견된《팔레스타인 탈무드(예루살렘 탈무드)》와 메소포타미아 지역에서 발견된《바빌로니아 탈무드》가 있는데 우리에게 잘 알려진 것은 후자라고 합니다. 미국에서 출간된《바빌로니아 탈무드》는 총 72권이며 우리나라에는 그중 일부만이 번역되었을 뿐입니다. 그래서 제대로 된《탈무드》를 읽고 싶은 사람들은 영어로 된 책을 읽기도 합니다. 이 방대한 양을 생각한다면 우리가 알고 있는《탈무드》속 이야기 몇 가지로《탈무드》를 안다고 할 수 없는 것입니다.

《탈무드》는 도덕 교과서 같은 책이 아닙니다. 생활 규범, 인간관계, 자기 관리, 경제, 법률, 문화, 역사 등 삶의 여러 부분이 녹아 있는 종합적인 책입니다. 그래서 아이들뿐만 아니라 부모와 교사도 함께 읽기 좋습니다.

특히 하루에 한 편씩 잠자리 독서로 부모님이 아이와 함께 읽기 좋습니다. 그리고 관련된 이야기를 나누기에도 좋습니다. 잠자리에서 읽은 책과 나눈 이야기는 아이들의 머릿속과 마음속에 오래 남습니다. 아이들은 《탈무드》의 지혜를 '명언'과 같은 단편적인 문장이 아닌 '이야기' 속에서 긴 호흡으로 배울 수 있을 것입니다.

②《명심보감》은 어떤 책일까

《명심보감》은 명나라 학자 범립본范立本이 1393년에 유교 경전과 유학자들의 저술을 중심으로 여러 고전에서 금언金言과 명구名句를 추려 내 주제별로 엮은 책입니다. 상, 하 두 권으로 〈계선편繼善篇〉〈천명편天命篇〉 등 총 20편이 있다고 합니다. 우리가 많이 들어 본 공자, 맹자, 순자 등의 유학 사상과 노자, 장자와 같은 도교의 명언, 불교 사상이 포함되어 있습니다.

조선시대에 서당에서는 천자문을 익히면서 《명심보감》의 구절과 명언을 배웠다고 합니다. 우리 민족의 가치관 형성과 정신적 지지대로서의 역할을 할 수밖에 없었겠죠?

보통 《명심보감》을 아이들의 생활 교육을 위한 옛날 버전의 책으로 생각하는데, 내용을 살펴보면 아시겠지만 실제로는 지금 우리 아이들에게 가르쳐 주고 싶은 이야기들이 가득합니다. 시대가 변했음에도 그때의 가르침이 지금도 유효하다는 점이 신기할 따름입니다.

저도 제 아이와 《명심보감》을 필사하고 이야기를 나누고 있습니다. 아이들에게 어려운 단어들도 있지만, 옆에서 어른이 설명해 주면 충분히 이해합니다. 가급적 단어의 뜻은 바로 알려 주지 마시고 문맥을 보고 예상해 보도록 해 주세요.

"이 단어의 뜻을 생각해 보자. 무슨 뜻 같아?"
"잘 모르겠으면 다른 단어로 바꿔 보자. 어떤 단어로 바꾸면 좋을까?"

자연스러운 단어로 바꿔 보도록 질문해 주시면 아이들은 신기하게도 자신이 알고 있는 비슷한 뜻의 단어로 바꾸어 말합니다. 그렇게 하나씩 맞혀 가다 보면 아이들은 어휘력과 문해력을 키워 나갈 수 있습니다.

단어를 배우는 것보다 중요한 것은 내용을 마음에 담는 것입니다.《명심보감》은 중국 문화를 바탕으로 하고 있어 같은 동양 문화라는 비슷한 환경과 정서 속에서 받아들일 수 있는 부분이 많았습니다. 그리고 실제 생활과 맞닿아 있는 내용이 많아 공감하며 읽을 수 있었습니다. 짧은 호흡과 명확한 메시지들로 틈새 시간에 읽기에도 적합했습니다. 어른인 저에게도《명심보감》은 고민되는 일상생활에서의 기준을 제공해 주었기에, 아이에게는 기초적인 행동의 잣대가 될 수 있겠다는 확신이 들었습니다.

가끔은 책을 빌려서 아이에게 지혜와 가르침을 전하면 어떨까요? 내가 전하고 싶은 말을 직접 하는 것보다 간접적으로 보여 주는 것이 좋을 때도 있답니다.

③《탈무드》와《명심보감》읽는 방법

어떤 일을 매일 하기는 쉽지 않습니다. 각자의 생활이 다르기 때문에 아무리 좋은 대화도 매일 모여 이야기 나누기는 어렵습니다. 엄청난 의지를 가지고 시작하더라도 무리한 일정은 초반에만 열심히 하다 지치고 끝나 버리기 마련입니다. 그러므로 함께 읽기를 한다면 꾸준히 실천 가능한 '매주 1회' 정도가 좋습니다.

유대인들은 안식일을 꼭 지켰습니다. 매주 금요일 일몰 때부터 토요일 일몰 때까지는 무조건 모든 일을 내려놓고 가족과 함께 시간을 보내고 기도했다고 합니다. 가족과 함께하는 이 시간이 항상 있었기 때문에 구성원 간의 관계도 끈끈하게 유지되고 일과 공부에도 더 매진할 수 있었습니다. 가정의 따뜻한 환경과 소통은 다른 일을 할 때 정서적 안정감을 주기 때문입니다.

이렇게 우리 아이들과도 안식일의 주기처럼 일주일에 한 번씩은 좋은 글을 읽고 대화하는 시간을 가지면 어떨까요? 꾸준히 할 수 있는 요일과 시간을 정하면 됩니다. 가족에 따라 편한 시간이 다르겠지만, 저희 가족은 일요일 저녁이 모두가 참여할 수 있는 시간이기에 이때를 함께 읽기 시간으로 정하고 있습니다.

《탈무드》와《명심보감》은 모두 글의 호흡이 짧습니다. 그래서 틈틈이 읽기에 좋고 아이는 물론 어른이 읽는 데에도 부담이 적습니다. 이 책들을 함께 읽기 할 때는 두 가지 방법이 있습니다. 하나는 정해진 페이지를 읽고 글 하나하나마다 자신의 경험과 생각을 나누는 방법이고, 또 하나는 정해진 페이지 속에서 가장 기억에 남는 부분만 골라 이야기 나누는 방법입니다. 전자는 속도가 조금 느리지만 전체를 꼼꼼하게 함께 읽을 수 있다는 장점이 있습니다. 후자는 선택과 집중을 통해, 기억에 남는 글을 위주로 책을 빠르게 읽을 수 있습니다.

함께 모여서 책에 대한 이야기를 나누다 보면 대화는 자신의 삶에 대한 이야기로 확장됩니다. 한집에 살아도 서로 눈을 마주치며 일상에 대한 고민을 나누기 어려운 현대 사회에서, 이렇게 일주일에 한 번씩 모여 자신의 삶과 생각을 가족과 나눌 수 있다는 것만으로도 소중한 시간이 됩니다. 거기에 좋은 글과 지혜로운 가르침들은 멋진 가족의 문화로서 자리 잡아 아이의 올바른 성장을 도울 것입니다.

4
고학년
고전 읽기

✦

1) 일삼독서로 중등 공부 기본기 다지기

고학년이 되면 학부모님들의 관심은 학업으로 기웁니다. 이제 중학교에 가는 것이 얼마 남지 않았는데 어떻게 준비해야 할지 고민이 되기도 합니다. 여러 매체를 통해, 혹은 지인을 통해 정보를 얻어 보지만 이 시기에 내 아이에게 어떤 교육을 하면 좋을지 결론은 나지 않습니다. 그러다 보면 어영부영 시간이 흘러 초등학교를 졸업하게 됩니다.

제대로 된 중학교 생활을 위해 지금 무엇을 준비해야 할지 고민하기에 앞서, 중학생 때 필요한 것이 무엇인지를 먼저 살펴보면 어떨까요? 중학교 때 달라지는 것은 무엇이고 어떤 것이 필요할지 생각해 봅시다.

중학교 교육과정은 초등학교 교육과정에서 심화, 확장됩니다. 학교마다 운영 방식은 다르지만 보통 1학년 때 자유학기(년)제를 운영합니다. 이때는 학업 이외에 진로 활동이나 동아리 활동을 하며 학생들을 따로 평가하지 않기 때문에 학업 수준을 가늠하기 어렵지만, 본격적인 공부와 평가가 시작되는 2학년 때부터 실력이 드러나기 시작합니다.

초등학교 때 공부를 잘했던 아이들이 반드시 중학교 때 공부를 잘하는 것은 아닙니다. 초등학교 때와 중학교 때의 공부가 다르기 때문입니다. 우선 교과서 읽기가 어려워집니다. 어휘도 어려워지고 배경지식이 있어야 이해가 되는 내용이 많아집니다. 조금만 열심히 공부하고 옆에서 도와주면 가능하던 초등학교 때와 다르게, 약간의 도움 이상의 '무엇'이 필요합니다.

중학교 때 공부를 잘하기 위해서는 교과서를 읽어 낼 수 있는 힘, 바로 어휘력과 문해력이 필요합니다. 그래야 스스로 교과서를 읽고 수업 내용을 이해하면서 공부를 어려움 없이 해 나갈 수 있습니다. 그것에 대한 기본기를 다져야 하는 적기가 바로 초등학생 때입니다. 특히 고학년은 중학교 입학을 앞두고 있고 어느 정도 수준 높은 어휘와 문해력을 습득할 수 있는 시기이기 때문에 그에 맞는 교육을 진행해야 합니다.

어휘력과 문해력을 키워 주고 배경지식을 쌓게 해 줄 수 있는 방법은 단연 '독서'입니다. 독서로 자연스럽게 다방면의 지식과 정보를 얻을 수 있습니다. 또 인물의 대사나 비유적 표현을 통해 문맥을 이해할 수 있고, 이야기를 해석하는 과정에서 문해력을 키울 수도 있습니다. 책 속의 어휘들은 일상생활에서 사용하는 어휘에 비해 수준이 높고 다양하기 때문에 어휘에 대한 감각을 키우고 어휘력을 키우는 데에도 큰 도움이 됩니다.

이왕 독서를 하려면 양질의 책을 엄선해야 합니다. 구성이 탄탄하고 문장력이 뛰어나며 인간의 감정 표현이 세밀한 책, 많은 사람에게 오랫동안 읽힌 검증된 책이라면 시간을 투자해서 읽을 가치가 있지 않을까요? 그런 의미에서 고전은 고학년 시기에 공부의 기본기를 다지는 데 중요한 역할을 합니다.

고학년은 어떤 고전을 읽을 수 있을까요? 읽기 수준과 관심사에 따라 다르겠지만 생각보다 높은 수준의 책을 읽을 수 있습니다. 하지만 우리의 목표는 《방법서설》이나 《리바이어던》 등의 책을 읽는 것이 아니라 '좋아하는 책'을 완역본으로 읽는 데 있습니다. 철저히 '아이가 고른' 고전을 말입니다.

그러기 위해 우리는 아이들이 중학년 때 다양한 고전을 읽고 탐색하는 과정에서 완역본으로 읽고 싶은 책을 선정하는 단계를 거쳤습니다. 고전 완역본은 두께도 있고 읽기 어려운 부분도 있으니 개인의 흥미와 의지가 꼭 필요합니다. 그래서 아이들이 스스로 선택해야 합니다.

많은 책을 선정하지 않아도 됩니다. 딱 한 권만 선정합니다. 한 권을 세 번 읽는 것이 목표입니다. 저는 이것을 '일삼독서一三讀書'라고 부르며 고학년의 고전 읽기 방법으로 추천합니다.

책 한 권을 세 번 읽어 본 적이 있으신가요? 그동안 우리의 독서교육은 다독多讀을 권장했기에, 사람들은 주로 책 한 권을 세 번 읽기보다 각각 다른 책 세 권을 읽어 왔습니다. 그래야 읽는 사람으로서 만족스럽기도 했습니다. 하지만 반복 독서는 아주 중요합니다. 특히 좋은 책은 씹고 또 씹으며 음미해야 진짜 가치를 알 수 있습니다. '일삼독서'의 자세한 방법은 다음과 같습니다.

① 가볍게 읽기

첫 번째 읽을 때는 '줄거리' 위주로 읽습니다. 단어나 이야기에서 조금 이해가 되지 않는 부분이 있더라도 부담을 갖지 말고 전체 흐름을 파악하는 데 초점을 맞춰 읽습니다. 어떤 인물이 나오는지, 배경은 언제이고 어디인지, 어떤 사건이 일어났는지 등을 파악했다면 잘 읽은 것입니다. 세세한 내용을 전부 기억하지 않아도 됩니다. 다 읽은 뒤 인물, 사건, 배경을 정리할 수 있을 정도라면 충분합니다. 다만 읽다가 시선을 끌거나 기억에 남기고 싶은 좋은 문장을 발견하면 꼭 밑줄을 치거나 포스트잇으로 표시해 둡니다.

② 세세하게 읽기

두 번째는 조금 더 세세하게 살펴본다는 마음으로 읽습니다. 이야기는 긴장과 이완을 반복하며 클라이맥스로 달려가다가 사건이 해결되면서 긴장이 해소됩니다. 이것을 '플롯plot'이라고 하는데, 발단-전개-위기-절정-결말의 5단계가 일반적입니다. 이 플롯을 느끼며 이야기를 읽다 보면 첫 번째 읽었을 때 보이지 않았던 사건의 사이사이가 눈에 들어옵니다.

또 첫 번째 읽을 때 파악한 인물을 중점적으로 읽어도 좋습니다. 여러 명을 한꺼번에 집중해서 보면 좋겠지만 그것이 어렵다면 처음 읽었을 때 흥미로웠던 인물 한 명을 정해서 그 인물을 위주로 읽는 것도 방법입니다. 예를 들어 《노인과 바다》를 읽을 때 소년의 입장에서 읽을지, 노인의 입장에서 읽을지를 정해 중점적으로 읽는 것이 여기에 해당합니다.

그리고 1회독 때 밑줄을 긋거나 포스트잇으로 표시한 부분을 눈여겨보며 읽습니다. 2회독 때도 그 문장이 여전히 감동적이고 좋다면 다시 한번 표시하거나 독서카드에 기록합니다(독서카드는 4장에서 나옵니다).

③ 밖으로 꺼내며 읽기

이제 책에서 읽은 것을 밖으로 꺼낼 차례입니다. 아이들이 고전을 읽는 이유는 작품 자체의 문학적 가치를 느끼기 위해서일 뿐만 아니라 고전을 나의 삶과 관련짓고 궁극적으로 나를 성장시키기 위해서입니다. 따라서 책을 밖으로 꺼내는 마지막 단계는 매우 중요합니다.

밖으로 꺼낸다는 것은 두 가지를 포함합니다. 한 가지는 '나에게 어떤 도움과 깨달음을 주는지 생각해 보는 것(나와 고리 걸기)'이고, 다른 한 가지는 '다른 사람과 나누고 싶은 부분을 생각해 보는 것(다른 사람과 고리 걸기)'입니다.

특히 책을 읽으며 부모님이나 선생님, 친구들의 생각이 궁금한 부분을 질문으로 기록해 두고 독서 후 실제로 이야기해 보는 것은 고전 읽기의 깊이를 더해 주는 좋은 활동입니다. 실제 고전 읽기를 해 보면 이 단계에서 고전을 더 잘 이해하게 되고, 읽은 책에 대한 애정도 커집니다. 따라서 말이나 글로 표현하는 활동은 반드시 하도록 해 주세요.

자신이 고른 책을 세 번 읽는 것은 아이들에게 큰 의미가 있습니다. 우선 끝까지 읽고 싶다는 의지를 가질 수 있습니다. 거듭 읽을수록 책의 내용이 잘 이해되고 새로운 것을 발견할 수 있음에 기쁨을 느끼기도 합니다. 또 고전 완역본을 읽어 냈다는 성취감은 아이들에게 다른 고전에 도전해 보고 싶다는 동기를 심어 줍니다.

아이들이 고른 책이 부모나 교사가 보기에 쉬운 책이어도 괜찮습니다. 책 한 권을 내 것으로 만드는 경험을 하기 위해서는 쉬운 책이 오히려 좋을 수 있습니다. 고전의 가치는 난이도에서 나오는 것이 아니라 '그 속에서 내가 어떤 생각을 하느냐'에 달려 있습니다. 의미가 빼곡히 담긴 문장 속에서 나만의 의미를 찾아 나가는 과정이 중요합니다.

중학교 때 뒷심 있고 저력 있는 학생이 되기 위해서는 초등학교 고학년 때 공부의 기본기를 탄탄하게 다져 놓아야 합니다.

일삼독서의 고전 읽기는 아이들이 문해력을 기르고 스스로 공부할 수 있는 능력을 기르는 마중물이 되어 줄 것입니다.

2) 명문장 명시 읽고 쓰기

버드나무 푸르러 베 짜는 듯하니

늘어진 가지 그림 같은 누각에 떨쳤더라

바라건대 그대 부지런히 심은 뜻은

이 나무가 가장 풍류 있음이리라

버드나무 어찌 이리 푸르를꼬!

늘어진 가지가 비단 기둥에 떨쳤도다

바라건대 그대는 잡아 꺾지 마오

이 나무가 가장 정이 많음이로다

김만중의 《구운몽》에 나오는 시 중 하나인 〈양류사〉입니다. 우리 조상들은 마음을 전할 때 직접 말하기보다는 시를 통해 간접적으로 전달하는 방식을 많이 사용했습니다. 시는 짧지만 그 안에 아주 많은 의미를 내포하고 있습니다. 단어 하나, 표현 하나에도 비유와 함축이 많이 담겨 있습니다.

오래된 시 중에 지금까지 전해져 내려오는 유명한 시들이 있습니다. 시대와 공간을 뛰어넘어 많은 사람에게 읽히는 시 역시 그 자체로 가치를 인정할 만하며 고전으로 불릴 자격이 있습니다. 따라서 아이들이 읽어야 할 고전에 시도 포함되어야 합니다.

시에는 운율이 있습니다. 읽을 때 리듬감이 있고 재미가 있습니다. 라임을 맞춘 랩을 들을 때 어깨가 저절로 움직이듯, 시도 반복을 통해 우리에게 오묘한 자극과 에너지를 줍니다. 그런 이유로 시는 남녀노소 누구나 읽기 좋으며, 특히 짧은 호흡과 박자로 재미있게 배울 수 있어 아이들에게 안성맞춤입니다.

하지만 시는 해석이 쉽지 않습니다. 당시의 시대적 배경이나 인물이 처한 상황을 알아야 의미를 온전히 이해할 수 있습니다. 또 비유와 상징이 많아 해석이 다양할 수 있기 때문에 정답이 없어 더 어렵게 느껴지기도 합니다. 그렇기 때문에 고학년 아이들과 고전 명시를 읽기 위해서는 몇 가지 단계를 거쳐야 합니다.

먼저, 저학년 때 쉬운 시부터 시작합니다. 저학년 아이들이 일제강점기를 배경으로 자신의 모습을 부끄럽게 여기는 윤동주의 시를 이해하기는 어렵습니다. 그래서 저는 1학년 아이들과 계절감을 느낄 수 있는 쉬운 시부터 시작했습니다. 유명한 시인들의 시 세계로 한 발자국 내딛는다는 생각으로 말입니다.

봄, 여름, 가을, 겨울에 맞춰 실제 계절감에 어울리는 시를 읽고 썼습니다. 윤동주 작가는 〈별 헤는 밤〉 〈서시〉 외에도 다양한 작품을 남겼습니다. 여기에는 겨울을 배경으로 한 〈눈〉이라는 시도 있습니다. 이 시는 저학년 아이들도 이해할 수 있는 내용이기 때문에 충분히 읽고 쓰고 익히는 것이 가능합니다.

눈

_윤동주

지난밤에
눈이 소오복히 왔네

지붕이랑
길이랑 밭이랑
추워한다고
덮어 주는 이불인가 봐

그러기에

추운 겨울에만 내리지

또 노래로도 불리는 시는 시를 익힌 뒤 노래도 불러보았습니다. 예를 들어 김소월의 〈엄마야 누나야〉와 〈진달래꽃〉은 시이자 노래 가사입니다. 아이들은 수업 시간에 읽고 쓴 시가 노래로 불릴 수 있다는 것에 신기해했고 노래를 하며 자연스럽게 시를 되뇌기도 했습니다. 노래는 시를 더 쉽고 재미있게 만들어 주기 때문에 수업 시간에 적극적으로 활용하기 좋습니다.

그 이외에도 정지용, 서덕출 등 유명한 작가의 시를 소리 내어 읽었습니다. 낭송은 아주 효과적인 독서 방법입니다. 에너지가 넘치고 직접 경험하면서 배우기를 좋아하는 저학년 아이들에게 특히 좋습니다. 제가 칠판에 시를 쓰면 아이들은 큰 소리로 읽었습니다. 그리고 한 행씩 읽으며 의미를 생각하고 이야기를 나눴습니다. 학기 말에는 배운 시들 중 마음에 드는 시를 하나씩 골라 외워서 낭송하기도 했습니다.

저학년은 구체적 조작기이기 때문에 직접 체험하는 활동으로 시화 제작도 했습니다. 시를 여러 번 함께 읽은 다음 시의 분위기에 어울리는 그림을 그려 보고, 그 위에 시를 쓰는 활동을 하며 아이들은 시와 친해졌습니다.

시가 1학년 아이들에게 너무 어렵지 않을까 걱정하실지 모르겠습니다. 저도 아이들의 마음속에 시가 얼마나 남을지 궁금하기도 하고 의문이 들기도 했습니다. 몇 번을 거듭해서 시를 배우던 즈음, 한 아이가 말했습니다.

"어? 권태응은 저번에 배운 〈도토리들〉을 지은 사람 아니에요?"
"아니야. 〈늙은 잠자리〉 아니었나?"
"〈도토리들〉 맞아. 기억나. 내가 도토리를 열심히 그렸거든."
"맞아. 선생님이 도토리 사진도 보여 주셨어."

아이들의 대화를 듣고 깜짝 놀랐습니다. 듣지 않는 것 같아도, 그냥 시간을 흘려보내는 것 같아도 시에 대한 정보와 기억을 고스란히 마음속에 담아 두고 있었습니다. 시뿐만 아니라 작가까지 기억해 주는 아이들이 무척 고마웠습니다.

고학년은 역사를 배워서 시대적 배경을 이해하고 있고, 사람의 미묘한 감정도 어느 정도 알고 있기 때문에 고전 명시에 적극적으로 도전할 수 있습니다. 특히 역사 공부를 하는 데 고전 명시는 좋은 매개가 됩니다. 시를 읽으면서 시인의 마음도 느껴 보고 그 당시의 분위기, 역사적인 사건 등에 대해 이야기하다 보면 자연스럽게 역사를 공부할 수 있습니다.

고학년 아이들과는 역사와 관련된 시를 읽으며 역사적 배경과 인물을 탐구하는 활동을 함께 했습니다. 정몽주는 이방원이 자신을 회유하기 위해 썼던 시에 대해 답시를 써서 보냈습니다. 아래의 시 두 편은 역사에 대한 배경지식이 없으면 이해하기 어렵습니다.

하여가 何如歌

_이방원이 정몽주에게

이런들 어떠하며 저런들 어떠하리
만수산 드렁칡이 얽어진들 어떠하리
우리도 이같이 얽어져 백 년까지 누리리라

단심가 丹心歌

_정몽주가 이방원에게

이 몸이 죽고 죽어 일백 번 고쳐 죽어

백골이 진토 되어 넋이라도 있고 없고

님 향한 일편단심이야 가실 줄이 있으랴

　고려의 충신으로서 고려를 끝까지 지키려 했던 정몽주와 그를 회유하려 했던 이방원의 관계를 알면 두 시를 더 풍부하게 이해할 수 있습니다. 시를 배운 뒤 아이들과 이방원, 정몽주를 연기하며 읊어 보기도 했는데, 그 이후로도 아이들은 가끔 친구를 설득할 때 이 시를 읊어 모두를 웃게 만들기도 했습니다. 그러한 아이들의 모습에서 시가 우리에게 스며들었음을 느낄 수 있었습니다.

　시의 또 다른 묘미는 읽는 사람에 따라, 혹은 같은 사람이라도 상황에 따라 시가 다르게 해석될 수 있다는 점입니다. 비유와 상징이 많고 생략된 내용도 많기 때문에 행간을 해석할 때 자신의 경험과 감정을 섞어 상상할 수밖에 없습니다. 그렇기 때문에 시를 읽고 친구나 가족과 함께 시에 대한 해석과 느낌을 이야기 나누는 것은 귀중한 경험이 됩니다. 아이들은 혼자서는 생각하지 못했던 부분에 대한 인사이트를 다른 사람에게 얻으며 시를 보다 깊이 있게 이해할 수 있을 것입니다.

4장

효과적으로 고전을 읽는 7가지 방법

1

계획을
세운다

◆

고전 읽기를 시작할 때 가장 먼저 해야 하는 것은 '계획 세우기'
입니다. 마구잡이로 읽다 보면 어느새 독서가 느슨해지고 방향
을 잃게 됩니다. 자기 속도에 맞게, 자기 취향에 맞게 계획을 세
우고 하나씩 도전해야 체계적인 독서가 가능합니다. 그렇다면
어떻게 계획을 세워야 고전을 보다 효과적으로 읽을 수 있을까
요? 계획의 방향은 크게 세 가지 단계로 나눌 수 있습니다.

① 1단계: 책 선정
저는 일단 고전 리스트를 뽑아 보길 추천합니다. 3장에서 나
왔던 전집 리스트도 좋으니 다양한 자료를 참고해 보세요. 또 요

즘 많은 대학교에서 추천 고전 목록을 발표하고 있으니 그것도 찾아보시되, 자녀가 초등학생인 만큼 읽기 수준과 이해 가능성, 관심사와 흥미 등을 고려하여 정하시면 됩니다. 특히 초등 중저학년 시기는 고학년을 위한 탐색기이기 때문에 준비 차원에서 차근차근 시작해도 됩니다. 앞 장에서 설명했듯 중학년까지는 원전 읽기를 위한 브릿지 책으로서, 쉽게 풀어서 편집한 책을 두루 읽겠다는 마음으로 접근하는 것이 좋습니다.

다만, 전문가나 기관의 리스트대로 고전 읽기 계획을 세우는 것은 추천하지 않습니다. 아이들마다 관심 있는 분야가 다르기 때문에 아이들이 재미를 느끼고 꾸준히 읽기 위해서는 관심사에 맞게 책을 선정하고 시작하는 것이 좋습니다.

리스트는 두 가지로 분류할 수도 있습니다. 인문고전과 고전문학입니다. 인문고전은 꾸준히 읽고 쓰며 깨달음을 얻는 데 유용하고 고전문학은 읽기 수준에 맞춰 재미있게 읽고 생각하는 데 좋으니 선정에 참고해 주세요.

아래의 목록은 제가 초등학생들의 수준에 맞춰 뽑은 고전 리스트입니다. 이것을 참고하여 읽고 싶은 책들을 몇 권 뽑은 뒤 우선순위를 정해 봅니다.

인문고전

책 목록
《사자소학》《명심보감》《논어》《목민심서》《조선왕조실록》 《차라투스트라는 이렇게 말했다》《동몽선습》 《채근담》《성경》《삼국유사》《북학의》《도덕경》

고전문학(저학년)

책 목록
여러 전래동화《안데르센 동화》《이솝 우화》《탈무드》

고전문학(중고학년)

책 목록
《소나기》《마지막 잎새》《키다리 아저씨》《노인과 바다》《마틸다》 《사자와 마녀와 옷장》《오즈의 마법사》《걸리버 여행기》《안네의 일기》 《난중일기》《구운몽》《허클베리 핀의 모험》《톰 소여의 모험》 《그리스 로마 신화》《빨간 머리 앤》《레 미제라블》《어린 왕자》 《돈 키호테》《백범일지》《80일간의 세계 일주》 《홍길동전》《갈매기의 꿈》《작은 아씨들》《삼국지》 《톨스토이 단편선》《비밀의 화원》《오 헨리 단편선》 《데미안》《아라비안나이트》《제인 에어》《피노키오》

② 2단계: 책 읽는 시간과 분량 정하기

'앞으로 책 많이 읽어야지'라는 다짐만으로는 실행에 옮기기

어렵습니다. 구체적인 요일과 시간을 정해야 실행할 가능성이 높아집니다.

아이들 각자의 스케줄을 파악한 뒤 그 리듬에 맞춰 독서 시간을 확보하면 됩니다. 무리해서 정한 계획은 단지 계획으로 끝나고 맙니다. 학원에 치여 시간이 확보되지 않은 상태에서 아이들에게 고전 읽기를 권유하신다면 실패할 확률이 100%입니다. 충분한 시간을 확보해 주세요.

예를 들어 인문고전은 매일 꾸준히 읽을 때 아이들의 인생에 스며들 수 있으니 하루 10분씩 독서 시간을 만들어 주세요. '아침에 일어나자마자' '매일 저녁 여덟 시'처럼 시간을 구체적으로 정하고 실천합니다. 고전문학의 경우 매일 10~20분씩 읽어도 좋고 일주일에 하루를 정해 '고전 읽기의 날'로 운영하셔도 좋습니다.

또 가족과 함께 고전을 읽는 시간을 만들어 보는 것은 어떨까요? 매달 함께 읽을 책을 미리 가족이 모인 자리에서 결정하고 독서 후에는 북토크를 열어 보는 것도 좋습니다. 어른과 아이가 함께 읽을 수 있는 책이 고전입니다. 서로의 생각을 나누며 깊이 있는 대화를 해 보세요.

시간으로 정하는 것보다 분량으로 정하는 것이 좋다면 책을 분량으로 나눠서 읽어 보세요. 일주일 안에 다 읽고 싶다면 전체를 일곱 등분으로 나눠서 북플래그로 표시하거나 포스트잇에 목표로 써서 책 앞부분에 붙입니다.

③ 3단계: 독서기록 계획

아무리 좋은 책을 읽어도 기록으로 남기지 않으면 잊게 됩니다. 멋진 질문과 깊이 있는 생각들을 기록으로 남기면 그 향기는 더 오래갑니다. 우리의 독서 계획은 일반적으로 어떤 책을 읽을지, 언제 어떻게 책을 읽을지에 초점을 맞추는데, 그러한 계획에 독서기록을 포함시켜야 체계적인 정리가 가능합니다. 독서기록까지를 독서로 보는 것입니다.

수많은 독서기록 양식이 있습니다. 가장 중요한 것은 '내가 정리하기 쉬운가?' '책에 대한 생각을 잘 정리할 수 있는가?'입니다. 다음은 제가 아이들과 사용하고 있는 활동지 양식입니다. 제가 생각하는 고전의 의미는 '내 인생에 어떤 울림을 주었나?'에 있습니다. 그래서 '고리 걸기'라는 명칭을 사용하고 있습니다. 나와 고전을 연결하는 고리 걸기, 그리고 이야기와 질문을 통해 타인과 나를 연결하는 고리 걸기의 단계로 질문을 구성하였으니 활용해 보세요.

고리 프로젝트 독서기록

책 제목	
작가	

1. 책에 고리 걸기: 책 속 문장 찾기

쪽수	문장

2. 나에게 고리 걸기: 내 인생에 주는 깨달음, 반성

3. 다른 사람에게 고리 걸기: 함께 나누고 싶은 이야기, 질문

2

조금씩, 천천히 읽는다

✦

고전 읽기가 어려운 이유는 시대에 맞지 않는 낯선 단어, 멀게만 느껴지는 연도들과 역사적 사건, 복잡한 한자, 나와 다른 문화적 배경과 이름 때문입니다. '어려워 보이는 고전을 과연 내가 읽을 수 있을까?' 의심하고 두려워하기 때문에 시도조차 하지 않는 경우가 많습니다.

고전 읽기에 대한 두려움을 극복하기 위한 효과적인 방법은 '조금씩 읽기'입니다. 고기도 씹어야 맛을 아는 것처럼, 일단 고전이 읽기 쉽다는 것을 알고 그 맛을 느끼면 아이들은 고전에 조금씩 스며들 것입니다.

1학년 아이들과 《사자소학》으로 고전 읽기를 시작했다고 말

씀드렸습니다. 하루에 《사자소학》을 읽고 쓰는 데 걸리는 시간은 10분. 조금만 수업 시간을 조정하면 충분히 마련할 수 있는 시간입니다. 긴 시간이 아니기에 아이들은 지루해하거나 귀찮아하지 않았고 부담 없이 활동에 참여했습니다.

제가 매일 고전 읽기로 제안하고 싶은 시간은 '하루 10분'입니다. 아침에 학교 가기 전 10분, 혹은 자기 전 10분을 고전 읽기 시간으로 정하면 어떨까요? 10분은 길지 않지만 그렇다고 짧기만 한 시간도 아닙니다. 아이들과 함께 《명심보감》을 필사하거나 고전문학을 읽어 보면 느끼시겠지만 10분이면 꽤 많이 읽고 쓸 수 있습니다.

만약 10분 동안 필사를 한다면 필사 분량에 너무 연연해하지 마세요. 단 한 줄을 써도 그 문장과 나의 삶을 어떻게, 얼마나 연결 지을 수 있느냐가 중요합니다. 고전은 그 자체가 목적이 아니라 우리의 삶을 풍부하게 만들고 생각의 지평을 넓히기 위한 수단이라는 점을 다시 한번 기억해 주세요. 아이들이 조금이라도 읽고 한 가지라도 질문을 던지면서 생각할 기회를 갖는다면 하루 10분의 투자는 100배의 가치로 돌아올 것입니다.

그렇다고 10분 고전 읽기를 시작하기가 쉬운 것은 아닙니다. 저는 제 아이와 집에서 《명심보감》 함께 읽고 쓰기를 시작했는데, 처음에는 하기 싫어서 몸을 배배 꼬며 도망가곤 했습니다. 하지만 포기하면 안 됩니다. 아이들은 특성상 자리에 10분 앉아 있는 것도 힘들 수 있으며, 특히 고전을 읽기 위해 앉아 있어야 하는 것은 더욱 쉽지 않기 때문에 인내심을 가져야 합니다. 여기서 부모님이 다른 일을 멈추고 함께 고전 읽기에 돌입하면 분위기 때문에 아이는 다시 자리로 옵니다. 2주가 지나가면서 저희 아이는《명심보감》을 읽고 따라 쓰기 시작했습니다.

'조금씩 읽기'를 추천하는 또 다른 이유는 책을 별로 좋아하지 않는 아이들에게 부담이 적기 때문입니다. 양이 많으면 아이들은 쉽게 지치고 거부감을 느낍니다. 이 아이들에게도 '해 볼 만하다'는 인식을 줄 수 있도록 한 권의 책을 짧게 분절하여 조금씩 읽도록 하면 거부감이 적습니다. 고전문학의 경우 두 쪽으로 한정하여 읽다 보면 다음 이야기가 궁금해서 더 읽기도 하고, 두 쪽 내에서 궁금한 점을 생각해 보기도 합니다.

심리적인 장벽을 허무는 것이 목표입니다. 욕심내지 말고 '고전에 스며들게 한다'는 목표로 접근해 주세요. 스며들다 보면 언젠간 흠뻑 젖을 테니까요.

읽는 속도 또한 효과적으로 고전을 읽는 데 중요한 문제입니다. 빠른 속도를 강요하는 독서 문화 속에서는 고전을 깊이 있게

읽기 어렵습니다. 입시를 위한 교육에서 고전문학은 수박 겉핥기처럼 읽고 문제를 풀어야 하는 시험 지문이 되곤 합니다. 또한 그에 대한 감상과 해석조차 자신의 것이 아니라 해설에 쓰인 내용으로 익힐 때가 많습니다. 《구운몽》과 《열하일기》를 제대로 읽어 본 아이들이 얼마나 될까요? 시험에 많이 나오는 부분을 빠르게 익히는 것으로 그 책에 대해 다 안다고 말할 수는 없을 것입니다.

또 다독을 강조하는 독서 문화도 고전 읽기를 어렵게 합니다. 독서통장, 독서인증제 등 읽은 권수로 아이들의 독서 능력을 판단하는 방식은 정독보다는 얇은 책, 쉬운 책을 빨리 읽고 대충 독서록으로 기록하는 아이들을 만들 뿐입니다. 이런 방식의 독서는 아이들이 책에 재미를 느끼지 못하게 하고 고전을 즐거움이 아닌 공부의 대상으로 만듭니다.

아이들이 책을 즐거움의 대상으로 느끼고 고전에 조금 더 가까이 다가가기 위해서는 반드시 '천천히 읽기'를 해야 합니다. 속도만 천천히 읽는 것이 아니라 '사색하는 여유를 가지며' 읽어야 합니다. 고전은 그 자체의 문학적 가치도 높지만 우리에게 삶의 목적과 방향에 대한 생각거리를 던져 준다는 점에서 더욱 의미가 있습니다. 그러므로 아이들이 고전을 대충 맛만 보는 것이 아니라 꼭꼭 씹어 가며 많이 생각할 수 있도록 천천히 읽게 해야 합니다.

책 한 권을 통해 감화를 받고 인생에 변화를 맞이하는 경험을 해 보신 적이 있나요? 조금씩, 그리고 천천히 읽는 경험을 통해 책의 묘미를 느낀 사람들은 누가 시키지 않아도 다른 책을 찾아 손에 듭니다. 마태효과가 여기에도 적용됩니다. 책을 읽는 사람들은 독서의 매력을 느끼고 더 많이 읽으며 좋은 책으로 마음 부자가 되어 갑니다. 하지만 제대로 읽어 보지 못한 사람들은 점점 책을 멀리하고 정신적으로 가난해집니다.

우리 아이들이 고전을 조금씩 먹고 천천히 씹으며 제대로 소화할 수 있도록 안내해 주세요. 한 번의 제대로 된 경험으로 아이들은 정신적으로 부유하고 여유로운 삶을 살 능력을 키울 수 있습니다.

3

반복해서
읽는다

✦

아이들은 같은 책을 반복해서 읽는 것을 좋아합니다. 1학년 아이들에게 그림책을 읽어 주고 나면 책을 덮자마자 "선생님, 또 읽어 주세요"라고 합니다. 마음에 드는 책은 몇 번을 읽어도 질리지 않습니다. 호불호가 강한 성향의 아이가 좋아하는 책 한 권을 백 번도 넘게 읽는 사례를 보았습니다. 읽어 주는 어른은 반복해서 읽는 것이 지겹고 힘들지만 아이들은 뭐가 그렇게 재미있는지 읽고 또 읽습니다.

그런데 반복해서 읽어 주다 보면 아이들에게서 공통적인 특징을 발견할 수 있습니다. 바로 읽을 때마다 다른 부분을 새롭게 찾아내어 말한다는 것입니다. 같은 책을 읽을 때마다 똑같은 느낌을 갖는다면 여러 번 읽겠다고 하지 않을 텐데 아이들은 분명 책을 매번 다르게 읽고 있습니다. 심지어 책 내용을 줄줄 외우기도 합니다. 읽어 주는 어른은 잘 기억하지 못하는 부분까지 세세하게 눈에 담고 머리에 기억합니다. 엄마는 제목과 내용이 헷갈려도 아이들은 정확히 기억합니다. 아이들의 이러한 독서를 보면 반복독서의 힘을 느낄 수 있습니다.

성인의 독서를 되돌아봐도 마찬가지입니다. 처음 읽을 때는 줄거리 위주로 보지만 두 번째 읽을 때는 그 사이의 세세한 내용이 눈에 들어옵니다. 그다음에 읽을 때는 첫 번째, 두 번째 읽을 때와는 다른 곳에 시선이 머물기도 하고 스쳐 갔던 인물에 마음이 쓰이기도 합니다. 책을 읽을 때 어떤 경험을 하고 있었는지, 어떤 기분이었는지에 따라 매번 다른 책이 되기도 합니다. 그렇게 반복해서 읽어야 책과의 거리가 한결 좁혀집니다. 책 바깥이 아니라 책 속에 풍덩 뛰어들어 작가의 머릿속에 들어갔다 온 느낌을 갖기 위해서는 반복독서가 필수입니다.

특히 고전은 사회적인 배경, 작가의 일생, 인물 간의 감정들, 시대의 관념 등이 복잡하게 얽힌 책이 많기 때문에 한 번 읽어서는 그 진가를 알기 어렵습니다. 고전은 반드시 반복해서 읽어야 제맛을 느낄 수 있습니다.

반복독서로 인생을 바꾼 조선의 시인 김득신의 이야기는 유명합니다. 김득신은 어릴 때 앓은 천연두로 인해 발달이 느려 글자를 깨우치고 글을 읽는 속도가 매우 더뎠다고 합니다. 하지만 아버지의 응원에 힘입어 책을 읽고 또 읽으며 학업을 계속해 나갔습니다. 김득신은 자신이 읽은 책과 읽은 횟수를 '독수기讀數記'라는 곳에 기록했는데, 1만 번 읽은 책이 무려 서른여섯 권이나 된다고 합니다. 특히 《사기》 중 〈백이전〉은 11만 3,000번을 읽었다는데 정말 놀라운 일이 아닐 수 없습니다.

김득신은 59세에 마침내 과거에 급제했다고 합니다. 다른 사람에 비해 느리고 뒤떨어져 보였던 김득신은 한 권을 읽고 또 읽는 반복독서로 자신의 한계를 극복할 수 있었습니다. 반복독서의 힘이 놀랍지 않으신가요?

물론 아이들에게 김득신처럼 1만 독을 하게 하자는 것은 아닙니다. 초등학생의 반복독서는 3회면 충분합니다. 하지만 같은 방식으로 세 번을 읽는 것은 아무 생각 없이 똑같은 산을 세 번 오르는 것과 같습니다. 산을 오를 때 '이번엔 이 길로 가자' '다음엔 저 길로 가자'라고 목적과 방식을 다르게 설정하면 산의 세 가지 색다른 모습을 볼 수 있습니다. 그래서 고학년의 고전 독서 방법으로 일삼독서를 제안했던 것입니다. 꼭 다른 방식으로 세

번 읽기를 실천해 보시길 바랍니다.

　우리는 고전에 있어서 '다독'의 의미를 다시 규정해야 합니다. 다독의 일반적인 의미는 '여러 가지 책'을 두루 읽는다는 뜻이지만 우리는 한 가지 고전을 '여러 번' 읽는다는 의미의 '다독'으로 아이들의 독서를 안내해야 합니다. 좋은 책은 읽을 때마다 다르게 느껴지고 새롭게 보입니다. 열 때마다 새로운 인형이 계속 나오는 러시아의 전통 인형 마트료시카처럼 고전의 다양한 매력을 느낄 수 있을 것입니다.

4

질문을
만든다

✦

고전이 술술 읽히는 쉬운 책은 아닙니다. 그럼에도 고전을 읽어
야 하는 이유는 우리에게 생각거리를 던져 주기 때문입니다. 우
리의 삶에 대해, 나의 진로와 가치관에 대해 생각할 문제를 던져
주는 책을 그냥 읽기만 하고 끝내면 될까요? 단순히 읽는 행위
만으로는 부족합니다. 좀 더 적극적인 무언가를 해야 합니다. 그
것이 바로 '질문'입니다.

　질문은 교사나 부모가 아이들에게 던지는 것만 생각해서는
안 됩니다. 교사와 부모의 질문은 자칫 아이들에게 책의 내용을
확인하는 시험의 성격을 띠어 책 읽는 재미를 반감시키고 부담
을 줄 수 있습니다.

우리가 활용해야 하는 것은 '스스로 하는 질문'입니다. 책을 읽으며 스스로 질문을 만들고 그에 대한 답을 찾아 본다면 누군가의 질문에 답하는 것보다 훨씬 주도적으로 고전을 읽을 수 있습니다. 또 책을 읽고 나의 인생에 질문을 던지고 일상생활에서 그에 대한 답을 하나씩 찾아 나간다면, 고전은 우리 아이들에게 정말 소중한 인생의 거름이 되어 줄 것입니다.

고전 읽기의 질문은 '읽기 전 질문'과 '읽기 중 질문' '읽기 후 질문'으로 나눌 수 있습니다. 이에 대해 자세히 살펴보도록 하겠습니다.

① 읽기 전 질문

책을 읽기 전에는 내용을 잘 모르기 때문에 일반적인 질문을 해 봅니다. 일반적인 질문은 어떤 책에도 적용할 수 있는 질문입니다. 책을 읽기 전에 미리 질문을 던지는 이유는, 책에 대한 몰입을 높이고 독서의 방향을 정하기 위해서입니다. 질문 없이 바로 읽기 시작하면 어떤 부분을 집중적으로 읽어야 할지 불분명하여 집중이 잘 되지 않습니다. 특히 고전은 읽는 목적이 없으면 낯선 단어나 이해가 안 되는 문장을 만날 때 독서를 유지하기 어렵습니다. 책을 읽기 전 질문은 다음과 같습니다.

작가는 누구인가요? (작가의 이름, 국적, 얼굴 확인하기)

작가가 언제 쓴 책인가요? (시대적 배경, 사건 파악하기)

책 제목은 무슨 뜻인가요?

표지를 보고 무엇이 떠올랐나요? (단어 세 개로 표현하기)

제목과 표지만 봤을 때 어떤 내용일 것 같나요?

② 읽기 중 질문

우리는 이야기 속에서 등장인물과 관련된 사건과 배경에 대한 정보를 알게 됩니다. 그리고 플롯을 따라가며 여러 가지 감정을 느끼고 수많은 생각을 하게 됩니다. 이때 어떤 부분에 포인트를 두고 읽어야 할지 머릿속에 기억하고 있으면 훨씬 체계적으로 독서할 수 있습니다.

저는 책을 읽으면서 그에 대한 답을 찾아볼 수 있도록 다음의 질문을 미리 던져 주는 것을 추천합니다. 물론 책마다 다양한 질문이 가능하지만 책에 공통적인 질문을 둔다면 아이들은 훨씬 안정적으로 고전을 읽을 수 있습니다.

기억에 남기고 싶은 부분은 어디인가요?

의미를 알고 싶은 단어는 무엇인가요?

친구나 부모님과 이야기 나누고 싶은 부분은 어디인가요?

다른 사람의 생각이 궁금한 부분은 어디인가요?

이 질문들에 대한 답을 찾으면서 읽습니다. 밑줄을 긋거나 메모하는 것도 좋은 방법이며, 자세한 감상이나 긴 글은 포스트잇을 사용해도 좋습니다.

③ 읽은 후 질문

가장 중요한 단계가 읽고 난 후의 질문입니다. 책을 완독한 뒤 내용을 정리하고 책과 내 삶을 연결하는 단계이므로 시간과 정성을 들여야 합니다. 이때 다른 사람과 책에 대해 이야기하는 시간을 가진다면 고전 읽기는 몇 배의 효과를 볼 수 있습니다. 대화의 대상은 부모님, 선생님, 친구 모두 가능합니다. 물론 함께 읽어야 제대로 된 책 이야기가 가능하겠지요.

차례를 보며 이야기를 순서대로 떠올려 보세요.

등장인물을 떠올려 보고 관계도를 자유롭게 그려 보세요.

책을 읽고 어떤 감정을 느꼈나요? (단어 세 개로 표현하기)

책에서 새롭게 알게 된 사실은 무엇인가요?

책이 나에게 어떤 도움과 깨달음을 주었나요?

책과 관련하여 더 알고 싶은 점은 무엇인가요?

작가는 책을 통해 어떤 말을 하고 싶었던 걸까요?

책이 만들어진 시대의 상황은 어땠나요?

이러한 질문에 답하는 과정에서 아이들은 고전을 더 깊이 이해하는 성취감과 기쁨을 느낄 수 있습니다. 특별한 경험 하나가 마중물이 되어 아이들을 다른 책으로 이끌어 줍니다. 이렇게 아이들에게 '인생 책' 한 권이 탄생한다면 함께 공들여 읽어 볼 만하지 않을까요?

5

밑줄을 긋고
메모한다

✦

책을 다 읽었는데 내용이 생각나지 않은 경험이 있으신가요? 주인공 이름도 가물가물하고, 누가 내용을 물어봐도 술술 나오지 않았던 경험이 있으실 것입니다. 아이들도 마찬가지입니다. 책을 다 읽고 독서록을 쓸 때 내용이 잘 생각나지 않는 경우가 있습니다. 그래서 '그다음에 어떻게 됐었지?' '그 친구 이름이 뭐였지?' 등 생각나지 않는 부분을 찾기 위해 다시 책을 들춰 보곤 합니다. 아무리 재미있게 읽은 책도, 감동적이어서 눈물을 흘렸던 책도 마찬가지입니다. 시간이 지나면 당시 가졌던 생각은 희미해지고 감정은 사라집니다. 책을 읽고 여러 생각이 피어올라도 붙잡아 두지 않으면 날아가 버립니다.

이때 필요한 것이 바로 '나만의 표시'입니다. 눈에 보이도록 생각과 감정을 메모해 두거나 기억하고 싶은 문장에 밑줄을 긋고 필사해 둔다면 나중에 그 감정과 생각을 되살리기 훨씬 수월합니다. 눈으로만 읽고 그친 정보보다는 손으로 쓴 정보가 기억에 오래 남습니다.

저는 책을 얼마나 읽느냐보다 책 한 권을 읽더라도 어떤 생각을 얼마나 했느냐가 더 중요하다고 생각합니다. 단지 책을 읽는 것에 만족해서는 안 됩니다. 읽은 것에 덧붙여 내가 한 생각, 느낀 점 등을 반드시 표시하고 기록해야 합니다.

여기에서 우리의 독서를 돌아보겠습니다. 책에 표시를 하며 읽으시나요? 책에 밑줄을 긋거나 표시를 하려면 구입한 책이어야 합니다. 책은 구매해서 보는 것이 가장 좋지만 그렇다고 읽는 책을 모두 구매할 수는 없습니다. 도서관이나 친구에게 빌려 읽기도 합니다. 이럴 땐 깨끗이 보기 위해 조심하며 읽어야 하기에 따로 표시를 하기가 어렵습니다. 직접 책을 구매해도 책에 흔적을 남기는 것을 싫어하는 사람도 있습니다. 새 책에 표시를 하는 것이 아까운 마음이 들기도 합니다. 어떻게 표시해야 할지 모르는 사람도 있습니다.

하지만 읽기의 목적이 '생각하고 표현하는 것'에 있다면 조금 더 적극적인 행동이 필요합니다. 이때 필요한 아이템이 '롱 인덱스 테이프'와 '포스트잇'입니다.

롱 인덱스 테이프는 형광펜으로 밑줄을 그은 효과를 낼 수 있는 테이프입니다. 표시하고 싶은 문장에 붙이기만 하면 됩니다. 깔끔하게 붙이고 뗄 수 있기 때문에 빌린 책이라도 부담 없이 사용 가능합니다. 구입한 책이지만 밑줄을 긋는 것이 부담스러울 때에도 효과적인 아이템입니다.

생각을 메모하고 싶을 때는 포스트잇을 사용합니다. 포스트잇을 붙이며 생각을 기록하고 쌓다 보면 읽고 나서의 뿌듯함까지 느낄 수 있습니다. 남겨진 메모를 보며 아이들은 언제 책을 펼쳐 봐도 그때 그 순간의 감정과 생각을 되살릴 수 있습니다. 이 두 가지 방법만 실천해도 독서의 질을 높일 수 있습니다.

롱 인덱스 테이프

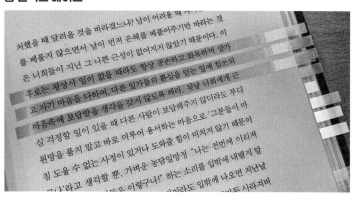

여기서 '색깔의 사용'을 추가로 소개하려고 합니다. 표시하려는 내용을 몇 가지로 분류하여 색깔로 표시하는 방식입니다. 책을 읽을 때 우리는 보통 다음의 경우에 표시합니다.

기쁨, 슬픔, 감동을 느낀 부분 (감정)

새로 깨닫거나 알게 된 부분 (지식)

궁금한 부분, 이해가 안 되는 부분 (질문)

명대사, 명문장

네 가지를 각각 다른 색깔로 밑줄 긋고 메모합니다. 감정과 관련된 부분은 검정, 지식과 관련된 부분은 파랑, 질문과 관련된 부분은 빨강, 명대사와 명문장은 형광펜. 이런 식으로 구분해서 표시해 놓으면 책을 읽은 뒤 감상을 글로 정리할 때 표시한 부분의 정체를 빨리 알아보고, 이것을 글감으로 글도 쉽게 쓸 수 있습니다.

또 다른 방법은 '기호'를 사용하는 것입니다. 기호는 표현하고자 하는 것을 간단한 부호나 문자, 표지 등으로 나타내는 것입니다. 기호는 우리가 나중에 다시 책을 살필 때 직관적인 인식을 가능하게 합니다. 또 기호에 대해 잘 인지하고 있으면 표시에 대한 부담을 줄일 수 있습니다. 기호의 예는 다음과 같습니다.

기쁨, 슬픔, 감동을 느낀 부분 (감정) : !
새로 깨닫거나 알게 된 부분 (지식) : ✓
궁금한 부분, 이해가 안 되는 부분 (질문) : ?
명문장, 명대사 : ☆

책을 읽을 때 이러한 기호를 사용하면 독서록을 쓰기가 훨씬 수월해집니다. 표시된 부분을 보고 뼈대에 살을 붙이며 글을 쓰다 보면 어느새 한 편의 글이 완성됩니다. 아이들이 독서록을 쓰기 싫어하는 이유는 뭘 써야 할지 모르거나 기억이 나지 않는 내용을 다시 찾아봐야 하는 번거로움이 싫어서입니다. 이때 표시와 메모를 통해 틈틈이 기록해 놓으면 그것은 곧 기억의 실마리가 됩니다. 표시한 것을 토대로 쓰기만 하면 되니 쓰기에 대한 부담도 적습니다.

또 '독서카드'를 이용하기도 합니다. 미리 여러 장을 복사해서 비치해 둔 다음 아이들이 필요할 때마다 가져가서 사용하도록 합니다. 기록의 용도와 책갈피로도 사용이 가능하므로 꽤 유용하고, 책을 읽고 독서감상문을 쓸 때에도 독서카드에 기록한 내용을 참고하면 훨씬 수월합니다. 제가 학교에서 활용하는 '나의 책갈피' 독서카드 양식을 뒷장에 수록하니 활용해 보세요.

다산 정약용은 책을 읽을 때 메모하고 표시하는 독서법을 실천했습니다. 이를 '질서疾書'라고 하는데, 질서는 책을 읽을 때 깨달음을 잊지 않기 위해 빨리 메모하는 방법을 말합니다. 기억은 시간에 따라 서서히 변하고 사라지기 때문에 정약용은 기록을 해야 깨달음을 붙잡을 수 있다고 생각한 것입니다.

독서는 저자의 이야기를 수용하는 정적인 활동이 아닌 저자와 대화하는 동적인 활동입니다. 일방적으로 남의 이야기를 읽는 것만으로는 그 이야기가 내 것이 될 수 없음에도 우리의 독서는 단지 수용하는 것에 그치곤 합니다. 책을 읽고 자신의 생각을 표현하고 그것을 차곡차곡 쌓을 때 나의 정체성을 찾고 진짜 내 생각을 완성해 갈 수 있습니다. 아이들이 자유롭게 책에 대한 느낌과 생각을 표시하고 표현할 수 있도록 안내해 주어야 합니다. 끄적이는 활동으로 아이들의 생각을 키워 주세요.

나의 책갈피

		학년	반	이름	

책 이름		지은이		출판사	
평점	☆ ☆ ☆ ☆ ☆				
등장인물					

쪽	기억할 내용	내 생각과 느낌

모르는 단어	
이야기 나누고 싶은 부분	

6

기준을 정해
필사한다

✦

책을 읽다가 좋은 문장이 있어서 '너무 좋다. 꼭 기억해야지'라고 생각할 때가 있지만 막상 책을 덮고 시간이 지나면 그 문장은 잊힙니다. 그래서 우리는 기억을 오래 남기기 위해 어딘가에 적습니다. 문장을 종이에 옮겨 적다 보면 자연스럽게 반복해서 읽게 되고 되새김질하게 되므로 더 잘 기억하게 됩니다. 학창 시절에 열심히 교과서를 베껴 쓰며 공부했던 경험을 떠올려 보면 쓰는 활동이 기억하는 데 효과가 큰 것이 맞는 듯합니다.

좋은 문장을 오래도록 붙잡아 두고 싶은 마음은 모두가 비슷할 것입니다. 그래서인지 요즘에는 꽤 다양한 필사 책이 시중에 나와 있고 필사 모임을 가지는 사람도 많이 보입니다. 필사는 효과적인 독서와 글쓰기 방법으로 알려져 있습니다. 저도 좋은 책을 만났을 때 필사를 하는데 독서와 글쓰기 면에서 효과가 있었습니다. 그렇다면 필사의 좋은 점은 무엇일까요?

먼저 책을 읽을 때 집중력이 높아진다는 것입니다. 눈으로 읽고 머리로 생각하고 손으로 쓰는 활동을 동시에 해야 하기 때문에 다른 곳에 신경을 쓰기가 어렵습니다. 그래서 필사를 할 때는 오로지 책의 내용과 생각으로 꽉 찬 시간을 보낼 수 있습니다.

또 눈이 지나간 부분을 손으로 채울 수 있습니다. 눈으로만 읽으면 스쳐 지나가고 놓칠 수 있는 문장의 구석구석을 필사로 꽉 붙잡아 둘 수 있습니다. 처음에 눈으로만 읽은 다음 다시 책을 읽으며 필사할 때 '이런 문장이 있었나?' 놀랄 때가 많습니다. 책 전체를 꼼꼼히 읽을 수 있다는 점에서 좋습니다.

문장력이 좋아지는 것도 큰 장점입니다. 훌륭한 작가의 문장을 반복해서 쓰다 보면 글 속의 다양한 어휘를 익히게 되고 문체도 닮게 됩니다. 또 좋은 글의 구조와 구성에 대해서도 자연스럽게 알게 됩니다. 좋은 글을 반복해서 필사하는 것은 탄탄한 문장력을 쌓는 내공이 될 것입니다.

창작에 대한 부담 없이 쓸 수 있다는 것도 장점입니다. 특히 글쓰기를 부담스러워하고 싫어하는 아이들이 쉽게 접근할 수 있는 글쓰기 방법이 필사입니다. 학급에서 글쓰기를 매우 싫어하는 아이들도 매일 짧은 인문고전을 베껴 쓰는 활동은 거부감 없이 참여하는 모습을 보였습니다.

또 생각할 시간을 확보할 수도 있습니다. 쓰는 활동은 속도가 느립니다. 손이 느리게 움직이는 동안 우리는 그 문장에 대해 생각하고 또 생각합니다. 단어 하나에도 눈길이 가고 문장을 쓴 작가의 마음에도 생각이 닿습니다. 그리고 나의 삶과 글을 연결해 보기도 합니다. 스마트폰과 인터넷의 빠른 세상에 살면서 이렇게 여유 있게 생각하는 시간을 갖는 것은 오롯이 나를 위한 선물이 됩니다.

마지막으로 인내심을 기를 수 있습니다. 책 한 권을 필사하기 위해서는 꾸준함과 노력이 필요합니다. 조정래 작가는 자신의 열 권짜리 소설 《태백산맥》을 아들과 며느리에게 필사하게 했습니다. 인터뷰 자료를 보니 그 이유가 매일매일 꾸준히 노력하라는 가르침을 주기 위해서였다고 합니다. 한 권 한 권 필사하는 것은 인내심을 기르는 연습이 되어 인생에서의 태도를 변화시킵니다.

하지만 필사가 아무리 좋은 방법이라도 막상 아이와 하려면

'어떻게 해야 할까?' 고민이 됩니다. 그냥 무작정 책을 베껴 쓰고는 있는데, 이렇게 하는 것이 맞는지 의심이 들기도 합니다. 필사에 정답은 없습니다. 하지만 제 경험상 어떻게 하는 것이 효과적이었는지 정리해 보려 합니다.

① 1단계: 읽고 의미 생각하기

아무리 좋은 문장이라도 무작정 베끼는 것은 효과가 없습니다. 특히 고전은 어려운 단어가 있거나 의미를 한 번에 이해하기 어려운 책도 많습니다. 그러므로 이해가 될 때까지 여러 번 읽고 의미에 대해 깊이 생각해 보는 단계가 반드시 선행되어야 합니다.

② 2단계: 베껴 쓰기

조정래 작가는 '필사란 책을 되새김질하는 과정이다'라고 했습니다. 읽으면서 이해한 것을 다시 되새김질한다고 생각하고 베껴 써야 합니다.

문장을 베껴 쓸 때는 아무 생각 없이 보고 쓰면 안 됩니다. 의미 단위로 끊은 다음 되도록 외워서 씁니다. 손으로 사각사각, 글씨로 느리게 옮기는 과정에서 우리는 문장에 담긴 의미를 되새김질하게 됩니다. 손끝이 기억하는 문장은 마음속에 오래 남습니다.

③ 3단계: 생각 쓰기

우리가 고전을 필사하는 이유는 우리의 삶에 좋은 문장을 끌어와 붙잡아 두기 위해서입니다. 우리의 삶과 책을 연결하기 위해서는 베껴 쓴 뒤 내 생각을 정리해야 합니다. 공책을 세로로 반 접어서 왼쪽에는 필사 문장을, 오른쪽에는 내 생각을 씁니다. 혹은 필사 후 다른 색 펜으로 그 밑에 생각을 써도 좋습니다. 내용은 길지 않아도 됩니다. 짧은 문장이나 단어로 내 생각을 표현합니다. 책과 내 삶을 연결했다는 나만의 표시라고 생각하세요.

만약 고전문학 전체를 필사하게 되면 이야기의 구조, 작가의 문체, 표현 등을 세세하게 파악하게 됩니다. 정말 좋아하는 책이고 작가의 글쓰기를 따라가 보고 싶다면 한 번쯤 도전해 볼 만합니다.

하지만 책이 두꺼울 경우 전체를 필사하는 것이 부담스러울 수 있습니다. 꼭 전체 필사를 할 필요는 없으며, 오늘 읽은 부분 중 마음에 드는 부분만 필사해도 됩니다. 저의 경우 '문장수집'

공책을 마련해서 그곳에 읽은 책의 귀한 문장을 옮겨 적습니다. 이 공책은 내가 좋아하고 인상적으로 받아들인 문장들이 빼곡히 쌓인 나만의 보물 창고가 됩니다.

즐겁게 필사를 지속할 수 있는 방법도 덧붙이겠습니다. 책 한 권을 계속 필사하는 것이 지루하고 지친다면 다른 책을 번갈아 가며 써 보세요. 책 두 권을 번갈아 가며 필사하면 새로운 에너지로 필사를 지속할 수 있습니다. 그리고 필사하다가 멈춰도 됩니다. 끝까지 해야 한다는 생각을 가지면 숙제처럼 느껴져 부담이 될 수 있습니다. 쓰다 보니 책이 나와 맞지 않는다고 느낄 수도 있고 다른 책을 필사하고 싶을 수도 있습니다. 물론 끝까지 쓰면 더욱 좋겠지만 억지로 전체를 쓰진 않아도 됩니다.

'책은 열 번 읽는 것보다는 한 번 베껴 쓰는 것이 낫다'라는 말이 있습니다. 필사는 가장 효과적인 독서 방법이자 독서의 완성이라고 할 수 있습니다. 고전의 맛을 제대로 느끼기 위해 반드시 필사하기를 추천합니다. 특히 아이들은 한 장씩 써 나가며 성취감을 느끼고 그 성취감으로 또 다른 고전을 읽고 싶다는 동력을 얻을 것입니다.

손끝이 기억하는 고전, 필사로 경험해 봅시다.

7

아이들을 설득하는
최고의 방법, 함께 읽기

✦

아이들에게 고전을 읽게 하고 싶다는 생각이 드셨나요? 하지만 부모님이 마음먹었다고 해서 끝나는 것이 아닙니다. 아이들의 마음을 움직이는 중요한 일이 남았습니다. 고전을 장기적으로 읽고 단단한 독서 생활을 하기 위해서는 '책을 읽고 싶다'는 강한 동기를 갖는 것이 가장 우선이자 중요한 일이라고 할 수 있습니다.

아이들을 설득하기 위해서는 어떻게 해야 할까요? 여기에서 수사학의 대가인 아리스토텔레스의 전략을 살펴보겠습니다. 아리스토텔레스는《수사학》에서 설득의 수단으로 로고스Logos, 파토스Pathos, 에토스Ethos 세 가지를 이야기합니다. 로고스는 논리적 추론을 통한 설득을 말합니다. 그리고 파토스는 감정적인 설득, 에토스는 사람의 성격이나 인간성(미덕)을 바탕으로 한 설득을 뜻합니다. 이 중에 가장 효과적인 설득 수단이 무엇일까요? 아리스토텔레스는 에토스라고 말합니다. 말하는 사람이 믿음직스럽게 느껴질 때 더 빨리, 더 강하게 설득된다는 것입니다.

부모나 교사가 아이들을 설득해야 할 일은 꽤 많습니다. 설득을 해야 아이들의 행동에 변화를 일으킬 수 있기 때문입니다. 그럴 때 우리는 보통 로고스적인 설득으로 공부를 해야 하는 이유, 책을 읽어야 하는 이유, 친구와 싸우지 않도록 배려해야 하는 이유, 밥을 천천히 먹어야 하는 이유 등을 논리적으로 설명하고 설득합니다.

파토스적인 설득으로 부모와 교사의 감정을 호소하며 이야기할 때도 있습니다. 어른 특유의 권위적인 목소리로 아이들이 할 말이 없게 하여 설득하기도 하고, "내가 이렇게까지 했는데 안 해?" 하며 감정적인 설득을 할 때도 많습니다. 이렇게 우리의 교육적 설득은 에토스보다는 로고스와 파토스에 치중되곤 합니다. 하지만 가장 좋은 방법은 에토스입니다. 이제는 에토스를 염두에 둔 교육을 생각해 봐야 합니다.

에토스적인 설득은 어른의 모범을 기반으로 합니다. 아이들에게 원하는 모습을 부모나 교사가 몸소 실천하고 꾸준히 보여줄 때 신뢰가 쌓이고 강력한 설득의 힘을 가질 수 있습니다.

그런 의미에서 아이들에게 고전 읽기를 설득할 수 있는 가장 효과적인 방법은 '어른의 고전 읽기'라고 할 수 있습니다. 우리가 먼저 읽고 재미있어하는 모습을 보이면 아이들도 자연스럽게 설득될 것입니다. 여기에 '함께 읽기'까지 한다면 그 효과는 배가됩니다.

만약 어른으로서 아직 고전에 관심이 없다면 일단 짧고 재미있는 책부터 시작해 보면 어떨까요? 고전에는 지루하고 딱딱한 책만 있는 것이 아닙니다. 프란츠 카프카의 《변신》은 이야기 자체가 흥미진진하고 작가의 상상력이 놀라울 뿐만 아니라 등장인물들의 삶이 현실을 반영하여 충격적이기도 합니다. 프란츠 카프카의 일생을 그 시대 독일의 자본주의 상황과 연결 지어 보면 이 책의 묘미를 더 크게 느끼게 됩니다. 그리고 가족의 의미를 되돌아볼 수도 있습니다.

법정 스님의 《무소유》도 시작으로 삼기 좋은 고전입니다. 표제작인 〈무소유〉를 비롯한 짧은 단편으로 구성된 책으로 호흡이 짧아 읽기 쉽습니다. 또 일상생활의 경험을 바탕으로 한 간략한 이야기와 교훈들이 우리의 삶과 맞닿아 있어 감명 깊게 읽을 수 있습니다.

《셰익스피어 4대 비극》을 읽어 보셨나요?《햄릿》《오셀로》《리어왕》《맥베스》인데, 인간이 느끼는 희로애락이 모두 담겨 있어 아주 재미있습니다. 또한 빠른 전개와 파격적인 내용 변화에 눈을 떼기 어렵습니다. 영국의 세계적인 문호 셰익스피어의 이야기는 고전 입문에 추천하고 싶은 책입니다.

C. S. 루이스의《나니아 연대기》시리즈는 어떠신가요? 총 일곱 편의 판타지 소설인데 이야기가 술술 읽히고 어른에게도 흥미진진한 줄거리를 가지고 있습니다. 순수한 마음으로 신기한 세상을 상상하던 어린 시절로 돌아간 느낌이 들기도 합니다. 어른이 이 책을 읽고 있는 모습을 보면 아이들은 분명 호기심 가득 어린 눈빛으로 다가올 것입니다.

한번은 제가《그리스 로마 신화》를 엄청 재미있게 읽는 모습을 보고 제 아이가 호기심을 보였습니다.

"엄마 무슨 책이야? 뭐가 그렇게 재밌어?"

표지의 제목을 들춰 보며 궁금해하는 아이에게 어떤 책인지 살짝 이야기해 줬습니다. 그랬더니 자기도 읽어 보고 싶다며 주말에 도서관에서 《그리스 로마 신화》를 빌려왔습니다. 엄마가 읽는 책을 자신도 읽고 싶었나 봅니다. 비록 만화로 된 《그리스 로마 신화》였지만 아이는 엄마와 같은 책을 읽는 것을 흥미로워했습니다.

학교에서도 마찬가지입니다. 1학년 아이들에게 제가 읽고 있던 《정글북》의 이야기를 조금 해 주었더니 쉬는 시간에 도서관에 가서 《정글북》 그림책을 빌려와 친구들끼리 보고 있었습니다. 그리고 《80일간의 세계 일주》의 앞부분을 이야기해 준 다음 '80일 동안 세계 일주를 성공할 수 있을까?'라고 질문했더니 책에 대한 호기심을 느끼면서 나중에 꼭 읽고 싶다고 하더라고요.

교사가 책을 함께 읽으면 아이들의 책에 대한 흥미 지수가 급격히 높아집니다. 그래서 저는 아이들과 함께 고전을 읽었습니다. 저 또한 혼자 읽을 때보다 아이들의 반응도 보고 이야기를 나누면서 읽으니 훨씬 즐거웠습니다. 또 책에 대한 이야기를 나누는 과정에서 아이들의 진솔한 생각을 듣고 제 생각을 나눌 수 있어 서로를 이해하는 데 큰 도움이 되었습니다.

특히 고전은 혼자 읽기에 어려움이 있으니 함께 읽기를 강력히 추천합니다. 혼자 읽으면 막히거나 어려울 때 포기하고 싶어

지지만, 함께 읽으면 그 마음을 조금 누르고 끝까지 읽을 수 있는 힘을 가지게 됩니다. 특히 함께 읽는 사람이 부모나 교사라면 어른과 함께할 때 가질 수 있는 특유의 동력으로 고전 읽기가 더 수월해집니다.

저도 《사자소학》이나 《차라투스트라는 이렇게 말했다》를 읽고 쓸 때 아이들끼리만 하게 두지 않고 그 시간에 저도 함께 했습니다. 아이들이 물에 들어가서 노는 모습을 밖에서 바라만 보고 있는 것과 함께 물에 들어가서 노는 것은 천지 차이입니다. 내가 물에 대해 잘 안다고 생각해도 실제 안의 상황은 다를 수 있습니다. 물의 온도가 어떤지, 물에서 냄새가 나지는 않는지, 장애물은 없는지, 물이 깊지는 않은지 알기 위해서는 직접 들어가야만 합니다.

고전을 읽을 때도 그저 좋은 책이니 아이들에게 읽으라고 맡겨 두기만 해서는 아이들이 정확히 그 고전의 가치를 알 길이 없습니다. 직접 아이들과 함께 읽어야 책의 난이도가 괜찮은지, 단어들이 아이들에게 어렵진 않은지, 내용에서 아이들의 삶과 맞닿은 부분이 있는지, 아이들이 얼마나 이해하고 있는지, 어떤 생각을 하고 있는지 정확히 알 수 있습니다. 그리고 부모나 교사가 생각을 보태고 나눌 때 아이들의 이해와 생각이 깊어질 수 있다는 사실을 꼭 기억해야 합니다.

꾸준히 아이들과 고전을 읽고 쓰고 이야기 나누면 좋겠지만 혹시 시간을 내기 어렵거나 부담스러우시다면 다른 방법이 있습니다. 매일, 매주 하지 않고 한 달에 딱 한 번만 해 주시면 됩니다. '일부만' 함께 읽는 것입니다. 아이들이 읽었으면 하는 고전 문학을 골라 앞부분만 읽어 주시면 됩니다.

책을 읽어 주는 것은 아이들의 책에 대한 흥미를 높이는 아주 효과적인 방법입니다. 처음을 읽어 내면 그다음은 내용이 궁금해서 계속 읽게 되는데, 이 처음을 읽는 것이 귀찮고 싫어서 안 읽는 아이들이 많습니다. 만약 책의 앞부분을 누군가가 읽어 준다면 아이들은 그 책을 계속 읽을 가능성이 커집니다.

이것은 제가 학교에서 아이들에게 책을 권할 때 자주 쓰는 방법인데 효과가 아주 좋습니다. 교육과정에서는 책을 읽는 시간을 확보하는 데 한계가 있기 때문에, 시간을 쪼개 확보한 뒤 책을 소개하고 앞부분만 읽어 줍니다. 책의 한 챕터는 긴장감이 돌 때 끝나곤 합니다. 그때 책 읽기를 멈추면 아이들의 원성이 엄청납니다. 아쉬움 섞인 목소리는 뒷부분을 읽을 수 있는 동력이 됩니다. 아이들이 그 책을 찾아 읽는 모습을 보고 책 읽어 주기의 힘을 느꼈습니다. 가정에서도 이 방법으로 아이들을 고전의 세상으로 이끌어 보면 어떨까요?

아이들은 부모의 거울입니다. 너무 흔한 말이지만 우리가 자주 잊는 말이기도 합니다. 부모와 교사가 고전을 읽는 것, 이것보다 더 강력한 설득이 있을까요? 신뢰를 바탕으로 한 설득은 우리가 함께 읽을 때 발휘될 수 있습니다. 아이들을 고전의 세계로 초대하고 변화시키기 위한 알곡 같은 시간을 차곡차곡 쌓아 나가 봅시다.

읽을거리

또래와의 북클럽 활동

저는 평소 혼자 책을 읽고 기록하곤 했습니다. 고전도 마찬가지였습니다. 마음에 드는 책을 골라 혼자 읽고 밑줄을 긋고 문장수집 공책에 정리했습니다. 필사를 하고 생각을 덧붙이기도 했습니다. 그러던 중 어느 순간 고전 읽기가 한계에 부딪혔다는 생각이 들었습니다. 고전의 글귀를 이해하는 저의 경험과 생각의 폭이 한정되어 있기 때문이었습니다.

그래서 북클럽 활동을 시작했습니다. 교사 모임에서 북클럽을 모집했고, 생각보다 많은 분들이 모여 금세 정원이 마감되었습니다. 큰 관심에 놀라기도 했습니다. 모임을 시작하면서 들어 보니 사람들은 다음과 같은 이유에서 북클럽에 참여했다고 했습니다.

먼저 고전은 혼자 읽기 어렵다는 이유입니다. 고전에 관심이 있는 사람조차도 혼자 읽다 보면 시간이 늘어지고, 읽다가 덮어 놓고 한참을 보내게 됩니다. 하물며 고전에 관심이 없는 사람이라면 고전 한 권을 읽는 것이 불가능에 가깝겠죠. 어영부영 시간을 보내다 보면 평생 고전 한 권도 제대로 읽지 못하기 십상입니다.

또 어떤 고전부터 읽어야 할지 모르겠다는 이유도 있었습니다. 앞 장에서도 말씀드렸지만 고전의 범위는 워낙 방대하고 좋은 책은 많다 보니 어디에서부터 어떤 순서로 읽으면 좋을지 난감합니다. 읽을 책 결정이 길어지면 결국 읽지 않게 되고 고전은 멀어지는 것입니다. 차라리 누군가 읽을 책을 정해 주면 열심히 따라가 볼 텐데 말입니다. 이러한 이유들로 북클럽 활동에 참여하는 것입니다.

어려운 책에 대해 누군가와 이야기를 나누고 싶은 욕구 때문도 있었습니다. 좋은 책을 읽고 나서 나름의 생각을 만들어도 그것을 표현하고 나누지 않으면 의미가 없습니다. 내가 맞는 생각을 하고 있는 건지 궁금하기도 하고 해석이 어려운 부분을 다른 사람은 어떻게 생각하는지 알고 싶기도 합니다. 무엇보다 사람은 사회적 동물이기 때문에 타인과의 대화 속에서 동기를 얻고 또 다른 에너지를 얻게 됩니다.

이런 이유로 모인 선생님들과 시작한 북클럽이 '고전 리딩 북클럽(고리클)'입니다. 방학 동안 일주일에 한 권씩 읽고 매주 목요일 밤에 모여 이야기를 나누기로 했습니다. 처음에는 낯선 분위기에 참여가 소극적이었지만 횟수를 거듭할수록 읽고 싶은 책에 대한 의견을 적극적으로 표현했고, 책에 대한 생각도 많이 나누었습니다. 예를 들어, 《변신》을 북클럽 활동 이전에 혼자 읽었을 때 저는 가족의 의미나 가족 내 경제적 역할에 의한 권위, 비인간적인 가족의 모습 등에 주목하였습니다. 하지만 북클럽 활동으로 선생님들과 이야기를 나누며 실존주의적 입장에서 해석한 《변신》, 프란츠 카프카의 일생과 관련지은 《변신》 등으로 글을 더 깊이 있게 이해할 수 있었습니다.

북클럽 활동을 실제 해 보니 아이들에게 고전 북클럽이 꼭 필요하다는 것을 확신할 수 있었습니다. 학교에서 선생님들은 북클럽과 비슷하게 아이들에게 책을 읽히고 그에 대한 생각과 경험을 짝이나 모둠 친구들과 나누게 합니다. 그리고 주제에 대해 전체적으로 토론을 시키기도 합니다. 그 과정에서 아이들이 책을 통해 살아 움직이는 것을 볼 수 있습니다. 교사 주도의 책 읽기, 혼자 하는 책 읽기로는 불가능한 역동적인 책 읽기가 이루어지는 것입니다.

먼저 이해하고 나름대로 해석한 아이들은 어려워하는 다른 친구를 이끌어 줍니다. 그리고 다른 생각을 가진 친구와 이야기를 나누며 내 생각을 정교하게 다듬어 갑니다. 무엇보다 친구들과 하나의 주제로 이야기를 나눈다는 것 자체가 재미있습니다. 즐거운 시간 속에 배움까지 있으니 일석이조겠죠?

이렇게 북클럽은 효과 만점의 책 읽기 방법이지만 학교 밖에서 그 활동을 한다는 것이 쉽지는 않습니다. 그래서인지 아이들의 북클럽 활동을 실행하는 부모님들은 많지 않습니다.

지인 중에 마음이 맞는 분이 있다면 함께 북클럽을 운영해 보는 것이 어떠신가요? 아이들끼리 운영해도 좋고 부모님과 아이가 함께하는 북클럽도 좋습니다. 북클럽을 꾸준히 운영하기 위해서는 서로 목적이 뚜렷해야 하고, 정해진 북클럽 시간에는 다른 일정을 최대한 조정하여 참여하겠다는 의지가 필요합니다. 그러기 위해서는 서로 간 신뢰와 유대감을 쌓을 수 있도록 초반에 시간을 투자해야 합니다.

부모나 교사가 아이들과 이야기를 나눌 수 있는 영역과 또래 간에 나눌 수 있는 대화의 영역은 다릅니다. 우리도 비슷한 나이의 사람들과 이야기 나눌 때 어떤 부분에서는 가족보다 더 공감대 형성이 잘되고 대화가 편할 때가 있잖아요? 우리 아이들이 또래와 함께 북클럽 활동을 하며 고전에 대한 재미를 느끼고 이해의 깊이를 더할 수 있도록 해 주세요.

고전 독서 지도에 막막함을 느끼는 분들을 위해 스무 권의 고전을 선별했습니다. 다음 내용은 부모와 교사를 위한 가이드입니다.

우선 제목을 살펴보시고 '이야기 고리 걸기'를 읽어 주세요. 이야기 고리 걸기는 책의 예고편과 비슷합니다. 글의 첫 부분과 전반적인 내용만 알아도 책을 고르는 것이 수월합니다. 아이들이 책을 읽기 전에 이 부분을 읽어 주세요.

다음으로는 '작가 고리 걸기'를 읽어 주세요. 이 부분은 아이들이 책을 읽기 전에 들려주셔도 되고, 책을 읽고 나서 들려주셔도 됩니다. 작가에 대해 아는 것은 책의 내용과 메시지를 이해하는 데 큰 도움이 됩니다. 작가가 어떤 나라에서 태어나 어떤 시대에 자랐는지, 가정은 어땠는지, 어떤 직업을 가지고 어떤 삶을 살았는지 살펴본다면 책이 더 친근하게 느껴질 것입니다.

마지막은 책을 읽은 뒤에 생각을 길어 올리기 위한 '생각 고리 걸기' 질문입니다. 책을 읽고 독후활동을 고민하시는 부모님과 선생님들을 위해 질문을 만들었습니다. 아이들이 책을 읽고 내용을 정리하며 자신의 생각을 들여다볼 수 있도록 적극 활용하시면 좋겠습니다.

수록된 고전 1번에서 20번까지 순서대로 읽을 필요는 없습니다. 아이들의 수준과 성향에 따라 선택하시면 됩니다. 차근히 읽어 나가는 과정에서 아이들은 저마다의 그릇과 역량을 키울 것입니다.

아이와 함께 읽는
필수 고전 20선

1 《플랜더스의 개》

✦ 이야기 고리 걸기

벨기에 플랜더스 지방의 한 마을에 예한 다스라는 할아버지가 살고 있었습니다. 할아버지는 무척 가난했고 전쟁의 상처로 다리를 절었어요. 여든 살이 되던 무렵, 할아버지의 딸이 먼저 세상을 떠나게 되었고 두 살배기 아들 넬로가 혼자 남겨졌습니다. 그래서 할아버지는 작은 오두막집에서 손자 넬로와 함께 살게 되었습니다.

한편 그 마을에는 파트라슈라는 개가 살고 있었습니다. 혈통 자체가 근육이 발달하고 다리가 튼튼한 종이어서 사람들이 아주 많은 일을 시키곤 했습니다. 파트라슈의 주인은 여러 번 바뀌었는데, 먹을 것은 주지 않으면서 파트라슈를 부려 먹고 때리기까지 하는 나쁜 사람들이었습니다.

어느 날, 오랜 시간 아무것도 먹지 못하고 무거운 수레를 끌던 파트라슈가 길에서 쓰러졌고 주인에게서 버려졌습니다. 이때 길을 지나던 다스 할아버지와 넬로가 파트라슈를 안타깝게 여겨 집에 데려가서 정성껏 간호를 해 주었고 셋은 함께 살게 됩니다.

214

함께 살게 된 이들에게 어떤 일이 일어날까요? 사람과 동물 사이의 끈끈한 유대와 의리, 사랑에 대한 이야기가 궁금하다면 이 책으로 풍덩 뛰어들어 보세요.

✦ 작가 고리 걸기

매리 루이스 드 라 라메 Marie Louise de la Ramée

이 책의 작가는 영국의 여성 소설가입니다. 작가들은 본명 이외에 작품 활동에 필요한 필명을 쓰곤 하는데, 《플랜더스의 개》 작가의 필명은 '위다'였습니다. 평소에 개를 무척 좋아했으며 이혼 후 30마리의 개와 함께 살았다고 합니다. 이러한 애정이 책에서도 듬뿍 묻어 납니다.

어릴 때부터 문학에 소질을 보였던 작가는 소설가로 데뷔한 뒤 기존의 영국 소설과는 다른 신선한 문체와 활발한 이야기 구성 능력으로 인정받습니다. 작가의 여러 소설 중 가장 유명한 작품이 《플랜더스의 개》인데, 어린 시절에 아버지에게서 들은 플랜더스 지방의 구전 이야기에서 영감을 얻어 썼다고 합니다. 개와 사람과의 교감, 가난한 사람들의 고충, 사람들의 비정함과 부조리함에 대한 비판, 그림에 대한 열정, 감동적인 결말 등을 모두 담은 책으로, 지금까지도 세계 곳곳에서 널리 읽는 고전으로 남아 있습니다.

생각 고리 걸기 ✦✦✦

1. 내가 만약 가난한 다스 할아버지라면, 손자 넬로나 강아지 파트라슈와 함께 살 수 있을까요?

2. 사람과 동물 사이의 우정과 사랑이 가능하다고 생각하나요? 동물은 가족이 될 수 있을까요?

3. 만약 넬로가 그림 상을 받았다면 이야기는 어떻게 바뀌었을까요?

4. 코제와 함께 넬로를 외면한 이웃들에 대해 어떻게 생각하나요?

5. 돈을 줘야 루벤스의 그림을 볼 수 있는 성당의 규칙에 대해 어떻게 생각하나요?

6. 루벤스의 그림을 인터넷에서 검색해 보고 그림에 대한 감상을 써 봅시다.

7. 넬로와 파트라슈의 묘비에 문장을 새긴다면 어떤 문장을 쓰고 싶나요?

《홍길동전》

✦ 이야기 고리 걸기

옛날에는 신분에 따라 사람의 귀하고 천함이 정해졌습니다. 홍길동의 아버지는 신분이 높은 이조판서이자 좌의정이었습니다. 하지만 천한 신분의 어머니에게서 태어났다는 이유로 아버지를 아버지라고 부르지 못하고 형을 형이라고 부르지 못했답니다. 이렇게 어떤 부모에게서 태어났는지에 따라 그 사람의 신분이 정해지는 것은 말도 안 되는 일이지요.

홍길동은 성장 과정에서 누군가 자신을 해치려는 사건을 겪게 됩니다. 이를 계기로 집을 떠나 도적 무리들과 함께 '활빈당'이라는 조직을 만들게 됩니다. 활빈당의 두목으로 활동하면서 백성들을 괴롭히는 탐관오리들의 곳간을 털고, 세금을 내지 않고 자기 이익만 챙기는 절에서 물건과 먹을거리를 훔쳐 백성들에게 나눠 줍니다. 다양한 도술로 자신의 분신을 만들어 전국 방방곡곡에서 활동하던 홍길동은 이내 왕의 골칫거리가 되었고, 나라에서는 홍길동을 잡기 위해 애를 쓰지만 계속 실패합니다.

과연 왕은 홍길동을 잡을 수 있을까요? 앞으로 홍길동의 운명은 어떻게 될까요? 홍길동의 이야기 속으로 들어가 봅시다.

✦ 작가 고리 걸기

허균

허균은 조선시대의 정치가이자 학자, 비평가, 사상가입니다. 누나인 허난설헌과 함께 우리에게 유명한 역사적 인물이기도 합니다. 허균의 가족들은 아버지를 비롯한 네 남매가 모두 걸출한 문장文章(글을 뛰어나게 잘 짓는 사람)이었는데, 사람들은 이들을 '허씨 5문장'이라고 불렀습니다.

허균은 이야기를 꾸미거나 생각하는 것을 좋아하고 잘했다고 합니다. 그리고 여러모로 경직되었던 당시 사회 분위기 속에서도 다양한 사람들과 만나 교류하는 자유분방한 사람이었다고 합니다. 사회에 대한 여러 비판을 하기도 했는데, 그중 신분 차별에 대한 허균의 생각이 《홍길동전》에 드러났다고 할 수 있습니다.

허균은 당시의 주류 학문이었던 주자학(성리학)을 비판하고 실용적인 학문에 관심을 가지며 변화를 꾀했습니다. 유교, 불교도교, 무교, 천주교까지 아우를 정도로 다양한 사상을 폭넓게 수용했던 허균은, 시대를 앞선 생각들로 인해 사람들에게 비판을 받기도 했지만 문장력만큼은 조선시대 최고라 인정받았습니다. 그중에 《홍길동전》은 사회 모순을 비판한 최고의 작품이라고 할 수 있습니다.

생각 고리 걸기

1. 여러분은 부모님이나 가정 상황에 대해 불만스러웠던 적이 있나요? 있다면 언제, 무엇 때문에 그런 생각을 했나요?

2. 아들이 집을 떠나 도적이 되었을 때 홍길동의 아버지와 어머니의 마음은 어땠을까요?

3. 사람들은 홍길동을 영웅의 자질과 운명을 타고난 인물이라고 말합니다. 여러분은 사람의 운명이 정해져 있다고 생각하나요? 또 여러분이 타고난 자질이 있다면 무엇인가요?

4. 홍길동은 여러 탐관오리들의 곳간에서 물건과 무기를 훔쳤습니다. 백성들을 위한 마음이었지만 남의 물건을 훔친 것은 잘못입니다. 여러분은 이에 대해 어떻게 생각하나요? 홍길동은 도둑일까요, 영웅일까요? 여러분이 판사라면 홍길동에게 어떤 판결을 내릴지 생각해 봅시다.

5. 능력은 탁월하지만 신분 때문에 자신의 뜻을 펼칠 수 없었던 홍길동의 마음을 생각해 봅시다. 여러분이 홍길동이 되었다고 상상하고, 홍길동의 입장에서 세상에 하고 싶은 이야기를 써 봅시다.

✦ 이야기 고리 걸기

고아원에서 생활하고 있는 제루샤 애벗. 제루샤는 성장한 후에도 고아원을 떠나지 못하고 리펫 원장의 그늘 아래에서 고아원 아이들을 돌보고 집안일을 하는 등 힘든 일을 도맡게 됩니다. 그러던 어느 날, 제루샤는 원장으로부터 후원자 중에 한 분이 자신의 글을 읽고 재능을 발견하여 작가가 되기 위한 길을 지원해 주기로 했다는 이야기를 전해 듣습니다. 소녀는 후원자가 궁금했지만 멀리서 후원자의 키가 큰 뒷모습만 보고 그를 '키다리 아저씨'라고 부르게 됩니다.

그후 시작된 대학 생활. 고아원을 벗어나 처음으로 만난 세상과 사람들은 낯설지만 매일 새로운 경험을 선사해 줍니다. 제루샤 애벗은 자신의 이름이 마음에 들지 않아 주디 애벗이라는 애칭을 사용하기 시작했고, 얼굴도 이름도 모르는 후원자 키다리 아저씨에게 자신의 공부와 일상생활을 편지로 전합니다.

이후의 대학교 생활부터 졸업까지, 《키다리 아저씨》는 주디 애벗의 성장 과정을 고스란히 담고 있습니다. 주디 애벗은 작가의 꿈을 이룰 수 있을까요? 그리고 키다리 아저씨는 누구일까요?

✦ 작가 고리 걸기

진 웹스터 Jean Webster

《키다리 아저씨》의 작가인 진 웹스터는 여자일까요, 남자일까요? 진 웹스터는 미국의 여성 소설가입니다. 진 웹스터는 부유한 집안에서 태어났습니다. 작가의 아버지는 《톰 소여의 모험》《허클베리 핀의 모험》으로 유명한 마크 트웨인과 출판 동업자였고, 어머니는 마크 트웨인의 조카딸이었다고 합니다.

작가는 대학에서 진보적인 교육을 받으며 성장했습니다. 여성의 인권과 시민의 불평등 문제에 대해 깊이 고민했으며 이를 해결하기 위한 일에 동참하기도 했습니다. 상류층이었지만 아주 진보적인 여성 작가로, 경제적인 불평등과 여성의 성장에 대한 생각이 《키다리 아저씨》에 잘 녹아 있습니다.

진 웹스터는 친구의 오빠와 결혼했으나 아이를 낳은 다음 날 하늘나라로 떠났습니다. 마흔이라는 이른 나이의 죽음으로 더 많은 작품을 만날 수 없음이 아쉬울 따름입니다.

1.고아원 생활을 오래 한 제루샤 애벗은 대학교에 가서 새로운 세상을 만납니다. 만약 제루샤 애벗이 후원자의 도움으로 대학에 가지 않고 고아원에 계속 있었다면 어떻게 성장했을지 생각해 봅시다.

2.제루샤 애벗은 주디 애벗으로 이름을 바꾸고 키다리 아저씨에게 계속 편지를 씁니다. 자신이 누군지도 밝히지 않고 편지에 답장도 하지 않는 키다리 아저씨에 대해 어떻게 생각하나요?

3.저비 도련님과 사랑에 빠진 주디는 자신이 고아원 출신임을 밝히는 것이 두려워 청혼을 거절합니다. 여러분이 주디라면 사랑하는 사람에게 자신의 상황을 솔직하게 밝힐 건가요? 아니면 최대한 숨길 건가요?

4.내가 힘들 때 나를 도와줄 소중한 사람이 주변에 있을 수 있습니다. 여러분의 주변을 둘러보고 나를 도와주는 사람이 누구인지, 그 사람이 어떤 점을 도와주고 있는지 생각해 봅시다.

5.키다리 아저씨는 왜 주디 애벗에게 자신의 정체를 숨겼을까요?

4 《지킬 박사와 하이드 씨》

✦ 이야기 고리 걸기

이 책은 인간의 내면에 있는 선과 악이라는 두 가지 면을 분리해서 새로운 인물을 만드는 이중인격자의 이야기입니다. 박진감 넘치는 전개와 인간 본성을 향한 꼬리에 꼬리를 무는 궁금증으로 잠시도 긴장을 늦출 수 없는 소설이지요.

이와 관련해서 책의 줄거리가 실화를 바탕으로 쓰였다는 설이 있다고 해요. 바로 18세기 영국의 윌리엄 브로디의 이야기입니다. 그는 사회적으로 인정받는 영국 에든버러의 시의회 의원이자 석공조합의 대표였는데 밤만 되면 도둑질을 했다고 합니다. 그러다 결국 붙잡혀 처형당했는데, 이 인물이 《지킬 박사와 하이드 씨》에 영향을 주었다는 설이에요.

하이드는 누구일까요? 그는 지킬 박사와 어떤 관계가 있을까요? 어터슨은 비밀을 풀 수 있을까요? 미스터리 소설이자 오래된 SF소설인 《지킬 박사와 하이드 씨》의 이야기가 궁금하지 않으신가요?

✦ 작가 고리 걸기

로버트 루이스 스티븐슨Robert Louis Stevenson

로버트 루이스 스티븐슨은 영국 애든버러 출신의 작가로, 부유한 중산층 가정에서 태어났습니다. 어려서부터 몸이 약해 유럽을 돌아다니며 요양 생활을 했다고 합니다. 그는 젊은 시절, 아버지를 비롯한 가족들과 사이가 나빠지자 프랑스로 떠났는데 그곳에서 미국 여성 페니를 만나 결혼하게 됩니다.

서른 살이 되었을 때 다시 영국으로 돌아온 루이스 스티븐슨은 작가로서 본격적인 활동을 시작했습니다. 여러 단편집과 함께 1883년에는 우리에게 잘 알려진《보물섬》이라는 모험 소설을 펴내기도 했습니다. 또 1886년에는 작가의 이름을 알린 또 다른 책인《지킬 박사와 하이드 씨》를 발표하여 큰 인기를 얻게 됩니다. 여러 작품 활동을 하던 작가는 1894년 마흔 넷의 젊은 나이에 세상을 떠났습니다.

1. 여러분에게는 선과 악 중에 어떤 면이 더 많은 것 같나요? 지금 떠오르는 여러분의 감정, 생각을 세 가지 이야기해 보세요.

2. 지킬 박사를 하이드로 변하게 한 특수한 약물이 여러분 앞에 있다면 어떻게 할 건가요? 약물을 잘 활용할 수 있는 방법은 없을까요?

3. 지킬 박사처럼 지나치게 욕심을 부리다가 좋지 않은 일을 겪은 적이 있나요? 경험을 떠올려 봅시다.

4. 하이드를 보는 사람들은 하나같이 그를 끔찍하게 무서워했습니다. 악으로 똘똘 뭉친 사람의 모습은 어떨까요?

5. 하이드가 저지른 범죄들에 대해 지킬 박사가 책임을 져야 할까요? 아니면 약물 부작용에 의한 다른 사람의 행동이기 때문에 책임지지 않아도 될까요? 지킬 박사와 하이드는 같은 인물이라고 할 수 있을까요?

6. 우리에게는 선과 악이 모두 있습니다. 선을 지키기 위해 어떤 노력을 해야 할까요?

7. 지킬 박사는 마지막에 자살합니다. 만약 지킬 박사가 살아 있었다면 어떻게 되었을까요?

5 《안네의 일기》

✦ 이야기 고리 걸기

제2차 세계대전 동안 유대인들은 독일에 의해 핍박을 받으며 도 망자처럼 지냈습니다. 안네 프랑크의 가족도 평범한 생활을 하 다가 나치 수용소로 가는 것을 피하기 위해 한 사무실 건물을 개 조하여 숨어 살기 시작합니다. 은신을 함께한 사람은 안네 프랑 크의 부모님, 언니, 안네 프랑크, 판단 씨 부부와 그들의 아들인 페터, 치과 의사인 뒤셀 씨 이렇게 여덟 명입니다. 다른 사람에게 들키지 않아야 하기 때문에 창문을 여는 것부터 씻는 것, 말하는 것까지 모두 자유롭지 못했던 이들의 삶이 안네의 일기장에 고 스란히 담겨 있습니다.

안네는 자신의 경험과 생각을 솔직하게 터놓는 친구라는 의 미에서 일기장에 '키티'라는 애칭을 붙였습니다. 여기에는 은신 하는 가족들의 삶뿐만 아니라 안네가 사춘기 소녀로 성장하는 과정, 첫사랑, 부모님에 대한 생각, 어른들에 대한 비판 등이 담 겨 있어 매우 흥미롭습니다.

또 일기에는 작가로서의 꿈, 일기장을 출판하고 싶어 하는 안네의 마음도 기록되어 있습니다. 안네가 건강히 살아남아 작가로서의 꿈을 이루면 좋을 것 같은데, 과연 안네와 사람들은 은신에 성공하고 독일로부터 자유로워졌을까요? 이 책을 읽어 보면 그에 대한 답을 찾을 수 있을 것입니다.

이 일기장 덕분에 우리는 제2차 세계대전 당시 유대인을 비롯해 사람들이 어떻게 살았는지를 알 수 있습니다. 역사적으로 가치 있는 자료이기 때문에 2009년 유네스코 세계기록유산으로 등재되었고 지금도 전 세계 많은 사람들에게 사랑받는 책으로 남아 있습니다.

안네는 일기장 키티에게 어떤 이야기를 했을까요? 안네의 일기를 읽다 보면 여러분도 일기를 쓰고 싶은 마음이 들 거예요. 제2차 세계대전 당시의 안네를 만나러 가 봅시다.

✦ 작가 고리 걸기

안네 프랑크 Anne Frank

안네는 1929년 독일의 유대인 집안에서 태어났습니다. 아버지는 오토 프랑크, 어머니는 에디트 프랑크, 언니는 마르고 프랑크로 가족은 네 명입니다. 부유한 사업가 집안이었지만 제2차 세계대전 당시 나치 독일의 유대인 박해를 피해 중립국이었던 네

덜란드로 이주해서 살게 됩니다. 하지만 나치 독일이 네덜란드까지 점령하자 또다시 나치의 손길을 피하기 위해 1942년부터 1944년까지 안네의 가족, 판단 씨 가족, 뒤셀 씨는 함께 아버지의 회사 건물에 비밀 공간을 마련하여 은신합니다. 그 이야기가 안네의 일기장 안에 담겨 우리에게 전해지고 있습니다.

안네는 열세 살 생일 선물로 받은 일기장에 은신 시작부터 게슈타포(나치의 비밀 경찰)에게 잡혀가기 전까지 자신의 마음을 솔직하게 적어 놓았습니다. 일기를 보면 안네 프랑크가 책을 많이 읽고 글 쓰는 것을 좋아하는 소녀임을 알 수 있습니다. 또 왈가닥처럼 보이지만 내면은 성숙하고 자신의 감정에 솔직하며 생각이 깊은 사람임을 엿볼 수 있습니다.

자유를 꿈꾸던 어느 날, 은신처는 결국 발각되고 소녀는 게슈타포에 의해 수용소로 끌려가게 됩니다. 거기에서 안네는 언니와 함께 병에 걸려 안타깝게도 죽음을 맞이합니다. 일기장은 가족 중 유일하게 살아남은 아버지에 의해 세상에 나오게 되었습니다. 작가로서의 꿈을 죽어서 이룬 안네의 삶이 슬프면서도 안타깝습니다.

1. 코로나 시기에 격리 때문에 집에만 있었던 적이 있나요? 그 경험을 떠올리며 안네 가족이 보낸 2년 2개월의 은신 생활이 어땠을지 상상해 봅시다.

2. 안네의 일기장에는 안네와 부모님의 갈등이 담겨 있습니다. 여러분도 부모님과 갈등을 겪어 본 적이 있나요?

3. 여러분은 힘들 때 나처럼 힘든 다른 사람을 생각하며 위로하는 것과 나 스스로 행복한 일을 떠올리는 것 중에 어떤 것이 좋다고 생각하나요? 힘든 상황을 극복하는 자신만의 방법이 있나요?

4. 가족에게 엄마는 어떤 사람이어야 한다고 생각하나요? 그리고 아빠는 어떤 사람이어야 할까요?

5. 여러분이라면 나치에게 쫓겨 은신하는 사람들을 도울 수 있나요? 돕는다면 어떤 도움을 줄 수 있을까요?

6. 안네가 제2차 세계대전이 아닌 지금 시대에 살았다면 어떤 삶을 살았을까요? 책 속에서 드러난 안네의 성격과 재능, 관심거리 등을 생각하며 상상해 봅시다.

6 《크리스마스 캐럴》

✦ 이야기 고리 걸기

여러분은 크리스마스를 좋아하나요? 크리스마스를 생각하면 어떤 느낌이 드나요? 이 이야기는 크리스마스 즈음에 스크루지라는 사람을 둘러싸고 벌어지는 에피소드를 다룹니다.

사람들에게 냉정하고 절대 친절을 베풀지 않는 사업가 스크루지는 크리스마스에 자신의 사무실에서 일하는 밤, 자신의 조카, 기부를 부탁하는 사람들에게 모두 매몰차게 대합니다. 하지만 그렇게 집에 간 스크루지는 7년 전 죽은 동업자 말리의 유령을 만나게 됩니다. 끔찍한 모습을 한 말리는 스크루지에게 경고를 하며 세 명의 유령을 만나게 해 줍니다.

스크루지가 만난 유령들은 스크루지에게 어떤 이야기를 해 줄까요? 탐욕스럽고 냉정한 스크루지는 어떻게 될까요? 스크루지는 제목처럼 크리스마스 캐럴을 즐길 수 있을까요?

✦ 작가 고리 걸기

찰스 디킨스 Charles Dickens

찰스 디킨스는 영국의 대표적인 작가입니다. 경제관념이 없는 아버지로 인해 어린 시절 매우 가난했다고 합니다. 빚을 갚지 못해 아버지가 감옥에 가자 그는 열두 살의 어린 나이에 공장에서 일을 하며 생계를 이어 갔습니다. 그런 어려운 상황에서도 밤에 속기 공부를 하며 학교에 간 찰스 디킨스는 1827년 변호사 사무실의 심부름꾼과 법원 속기사를 거쳐 신문기자가 되었다고 합니다.

1833년 디킨스는 투고한 단편 소설이 채택되면서 작가로서의 생활을 시작합니다. 어려웠던 어린 시절과 공장에서 일할 때 보았던 노동자들의 힘든 생계, 자본주의의 모순에 대한 비판을 글 속에 녹이며 작품 활동을 이어 갔습니다. 그중의 하나가 《크리스마스 캐럴》입니다. 이 책은 자본주의 사회에서 발생하는 빈부격차의 비극과 비인간성, 사회의 이면에서 보이지 않는 어려운 사람들에 대한 이야기를 다루고 있습니다.

디킨스는 영국 빅토리아 시대의 최고 인기 작가이자 유명 인사였고 천재 작가로서 명성을 떨쳤습니다. 디킨스의 작품에는 작가 자신의 삶과 사회에 대한 문제의식이 담겨 있습니다. 작가

의 대표적인 작품으로는《두 도시 이야기》《올리버 트위스트》
《위대한 유산》등이 있습니다.

생각 고리 걸기 ✦✦

1. 돈이 많은 사람이 어려운 사람들을 위해 기부를 해야 한다고 생각하나요? 그렇게 생각한다면 이유는 무엇인가요?

2. 스크루지는 왜 구두쇠로 변했을까요? 책의 내용을 토대로 스크루지의 생각을 상상해 봅시다.

3. 자신이 죽었을 때 사람들의 반응을 본 스크루지는 어떤 마음이었을까요? 우리는 어떻게 살아야 좋을까요?

4. 여러분에게는 기억에 남는 크리스마스가 있나요? 여러분이 생각하는 크리스마스의 행복은 무엇인가요?

5. 자본주의 사회에서는 돈이 중요한 가치를 가집니다. 여러분에게 돈보다 더 중요한 가치를 가지는 것이 있다면 무엇인지 생각해 봅시다.

《오즈의 마법사》

✦ 이야기 고리 걸기

이 책은 도로시라는 여자아이의 모험 이야기입니다. 미국 중서부 캔자스 시골 마을에서 숙부, 숙모와 함께 살던 도로시는 갑자기 닥친 토네이도에 휩쓸려 집과 함께 날아가 새로운 세계에 떨어지게 됩니다. 설상가상으로 떨어진 도로시의 집에 깔려 동쪽 마녀가 죽게 되는데, 이때 도로시는 죽은 마녀가 신고 있던 은색 구두를 갖게 됩니다. 도로시는 그 구두를 신고 자신을 캔자스 집으로 보내 줄 마법사를 찾아 모험을 떠나요.

가는 길에 만난 똑똑해지고 싶은 허수아비, 심장을 원하는 양철 나무꾼, 겁쟁이 사자는 도로시의 길동무가 되어 줍니다. 이들은 각각 뇌, 심장, 용기를 가지고 싶어 하는데, 그 꿈을 이루기 위해 도로시와 함께 오즈의 나라로 가게 돼요. 가는 길에 그들은 많은 장애물과 어려움을 만나지만, 더불어 도움을 주는 좋은 사람도 많이 만납니다. 모험 과정에서 일어나는 일들은 우리에게 재미와 감동을 줍니다.

도로시는 마법사를 만날 수 있을까요? 그리고 캔자스의 집으로 돌아갈 수 있을까요? 허수아비, 양철 나무꾼, 사자는 각각 뇌, 심장, 용기를 얻을 수 있을까요? 이야기를 읽으며 도로시와 함께 모험을 떠나 봅시다.

✦ 작가 고리 걸기

프랭크 바움 Lyman Frank Baum

프랭크 바움은 미국의 작가입니다. 잡지 편집자, 신문기자, 배우 등 다양한 직업을 가졌던 사람이었는데, 자녀들에게 이야기를 재미있게 지어 들려주는 데 소질이 있어 아내와 장모의 권유로 동화를 쓰기 시작했다고 합니다. 그렇게 탄생한 이야기가 바로 《오즈의 마법사》입니다. 낯선 곳에서도 두려워하거나 주저하지 않고 모험을 떠나는 이야기에는 적극적이고 진취적인 여성이 그려져 있어 매우 인상적입니다.

이 책으로 프랭크 바움은 엄청난 인기를 얻게 됩니다. 오즈의 이야기는 총 열네 권의 시리즈물로 제작되기도 했습니다. 작가가 사망한 뒤에도 다른 작가에 의해 시리즈가 이어졌다고 하니 그 인기가 대단하죠? 《오즈의 마법사》는 만화와 영화로 제작될 정도로 많은 사랑을 받는 고전으로 남아 있습니다.

1. 허수아비는 뇌를 원했고 양철 나무꾼은 심장을 원했습니다. 뇌와 심장 중 여러분은 어떤 것이 더 중요하다고 생각하나요? 그 이유는 무엇인가요?

2. 도로시가 모험한 곳 중 가 보고 싶은 곳은 어디이고, 만난 인물 중 이야기해 보고 싶은 인물은 누구인가요?

3. 여러분이 도로시와 함께 오즈의 마법사를 찾아간다면 어떤 것을 소원으로 빌 건가요? 그 이유는 무엇인가요?

4. 오즈의 마법사는 에메랄드시 사람들을 속였지만 에메랄드시 사람들은 그를 존경합니다. 오즈는 좋은 지도자일까요, 아니면 거짓말쟁이에 사기꾼일까요? 여러분은 어떻게 생각하나요?

8

《레 미제라블》

✦ 이야기 고리 걸기

미리엘 주교의 집에 한 남자가 찾아와 문을 세차게 두드립니다. 자신을 19년간 감옥에 있다 나온 장 발장이라고 소개한 남자는 징역을 살았던 사람이라는 이유로 여러 곳에서 문전박대를 당하고 여기에 왔는데 머물 수 있냐고 묻습니다. 미리엘 주교는 흔쾌히 장 발장에게 식사를 대접합니다.

하지만 주교의 호의에도 불구하고 밤에 은 식기를 훔쳐 달아난 장 발장. 그는 경찰에 잡혀 미리엘 주교의 집에 다시 오게 됩니다. 미리엘 주교는 자신의 물건을 훔쳐 간 범인을 용서하고 오히려 은 촛대까지 주는 친절을 베풉니다.

이에 감동한 장 발장은 모든 걸 포기하고 범죄의 길로 가려던 자신의 삶을 후회하며 '마들렌'이라는 이름으로 개명한 뒤새로운 인생을 살아갑니다. 그는 자신이 가난했던 경험이 있기에 형편이 어렵고 힘든 사람들의 마음을 누구보다 잘 알아 주었고 베푸는 삶을 산 결과 시장의 자리까지 오르게 됩니다. 하지만자베르 경찰이 과거 장 발장이었던 그를 알아보고 주시합니다.

이때 장 발장이라는 누명을 쓰고 재판을 받게 된 한 사람을 구하기 위해 그는 마들렌으로서의 삶을 뒤로하고 법정에서 자신이 장 발장임을 밝히며 양심을 지킵니다.

《레 미제라블》은 프랑스 혁명이 일어나던 시기를 배경으로 합니다. 정치적인 대립과 시민들의 분노, 가난으로 벼랑 끝에 내몰린 사람들의 이야기가 얽혀 있는 작품이지요. '레 미제라블'은 '불쌍한 사람들'이라는 뜻이라고 합니다. 불쌍한 사람들이 어떻게 살아가는지 이야기를 통해 알아보고 작가가 어떤 메시지를 우리에게 주고 싶어 했는지 생각해 봅시다.

✦ 작가 고리 걸기

빅토르 위고 Victor Hugo

빅토르 위고는 프랑스의 시인이자 소설가입니다. 역사학자 델핀 뒤샤르는 빅토르 위고를 두고 '가장 유명하고 가장 대중적인 프랑스 작가 빅토르 위고는 기상천외한 인물이자 세기의 전설이었다'라는 표현을 하기도 했습니다. 나폴레옹 휘하에서 승승장구하던 군인 아버지에게서 태어난 작가는 아버지의 뜻대로 법학을 공부했지만 작가의 꿈도 가지고 있었습니다.

빅토르 위고는 결혼 후 발간한 첫 시집 《오드》와 희곡 《크롬

웰》등이 인기를 끌면서 사람들에게 인정받기 시작했습니다. 하지만 여러 작품으로 주목을 받던 빅토르 위고는 딸의 죽음으로 충격을 받아 한동안 작품 활동을 중단하기도 했고, 감옥 수감 등의 여러 굴곡 있는 삶을 살면서 대외활동을 하지 않기도 했습니다. 그 무렵 칩거하면서 몰두하여 쓴 작품이 바로《레 미제라블》입니다. 사회를 고발하고 인간의 여러 가지 본성에 대한 문제의식을 전하고자 했던 작가의 의도가 그대로 묻어나는 책입니다.

뮤지컬 작품으로도 유명한 작품은《레 미제라블》외에도《파리의 노트르담》이 있는데, 이 두 가지 모두 영화로 만들어지면서 많은 사랑을 받았습니다.

생각 고리 걸기

1. 미리엘 주교는 자신의 집에서 은 식기를 훔쳐 간 장 발장을 감싸 주고 은 촛대까지 줍니다. 만약 미리엘 주교가 장 발장을 경찰에 범인으로 넘겼다면 장 발장은 이후 어떤 삶을 살았을까요?

2. 장 발장은 너무 배고파하는 조카들을 위해 빵을 훔친 죄로 교도소에서 몇 년을 있게 되었습니다. 이런 판결에 대해 어떻게 생각하나요? 여러분이 재판관이라면 장 발장에게 어떤 판결을 내리고 싶나요?

3. 장 발장을 잡을 수 있었음에도 뒤로 물러선 자베르의 마음
   은 어땠을까요? 자베르는 왜 스스로 물에 뛰어들었을까
   요? 여러분이 자베르라면 어떤 결정을 내렸을지 생각해 봅
   시다.

4. 장 발장이 도망자인 입장에서 코제트를 데려와 키운 것은
   코제트의 행복을 위해 과연 옳은 선택이었을까요?

5. 이 이야기를 통해 빅토르 위고가 우리에게 전해 주는 메시
   지는 무엇일까요?

9

《동물농장》

✦ 이야기 고리 걸기

이 책은 존스 농장의 수퇘지인 메이저 영감이 동물들을 모아 놓고 자신이 꾼 꿈 이야기를 하며 시작됩니다. 메이저는 평소 일은 많이 하지만 대우를 받지 못한 동물들을 향해 반란을 일으키자고 호소합니다. 주인이 먹을 것을 주지 않는 사건이 벌어지자 더 이상 참을 수 없었던 동물들은 농장주 존스를 내쫓고 반란을 일으켜 새로운 '동물농장'을 만듭니다. 그리고 비교적 지능이 높은 돼지인 나폴레옹, 스노우볼, 스퀼러 등이 지도자 역할을 하며 지켜야 할 규칙을 몇 가지 정하고 동물들끼리 역할을 분담합니다.

그러던 중 풍차 건설을 계기로 동물들 사이에 갈등이 생깁니다. 여기에서 나폴레옹과의 싸움에서 진 스노우볼은 동물농장에서 쫓겨나고 나폴레옹이 지도자가 됩니다. 나폴레옹은 동물농장을 평화롭게 지켜 낼 수 있을까요? 인간에 대한 불만으로 만들어진 동물농장의 사회는 평등해질 수 있을까요?

이 이야기는 비단 동물만의 이야기가 아니라 우리 사회의 모습과도 많이 닮아 있습니다. 실제 사회와 비교하면서 읽으면 더 깊이 있게 읽을 수 있을 거예요.

✦ 작가 고리 걸기

조지 오웰 George Orwell

작가는 조지 오웰이라는 필명을 사용했으며 본명은 에릭 아서 블레어Eric Arthur Blair입니다. 영국 출신의 소설가이자 비평가이지요. 조지 오웰은 인도에서 태어났지만 영국으로 와서 자라납니다. 영국에서 세인트 시프리언스 학교에 다니던 중 상류 계층과의 차별을 심하게 겪으며 계급에 대한 의식을 키워 갑니다. 또 우수한 성적으로 명문 고등학교인 이튼칼리지에 입학하지만 졸업 후 대학을 가지 않고 인도 제국경찰에 지원하여 미얀마에서 활동합니다. 그리고 그곳에서 식민지를 다루는 제국주의의 실상을 목격하게 됩니다. 1871년부터 1914년까지 여러 강한 나라들이 식민지 쟁탈전을 벌이던 당시 미얀마는 영국의 식민지였기 때문입니다. 조지 오웰은 식민지가 된 나라들의 사람들과 영국의 소외된 계층들을 보며 정치에 대한 생각을 키워 갔습니다.

이 책은 러시아 혁명과 스탈린의 배신을 배경으로 한 전체주의를 풍자하기 위한 우화 형식의 소설입니다. 이 책에 등장하는 동물들은 실제 인물들을 빗댄 것입니다.

그 당시 많은 사람이 사회주의를 좋게 생각했기 때문에 처음 이 책은 거의 모든 출판사에서 거절당했다고 합니다. 그러다 1945년 제2차 세계대전이 끝난 뒤 영국의 한 출판사에서 출간되면서 새로운 평가를 받게 되었고 현재까지 많은 인기를 누리고 있습니다. 《동물농장》에는 현대사회에도 적용할 수 있는 소재가 많기 때문에 우리에게 다양한 생각거리를 던져 줍니다.

생각 고리 걸기

1. 가장 인상 깊었던 동물과 그 이유를 생각해 봅시다. 또 나와 비슷한 동물을 찾아 이유를 글로 써 봅시다.

2. 나폴레옹이 아닌 스노우볼이 권력을 차지했다면 이야기는 어떻게 변했을까요?

3. 돼지의 이익을 위해 동물농장의 규칙이 바뀌었습니다. 권력을 가진 계층을 위해 전체의 법과 규칙을 바꾸는 것에 대해 어떻게 생각하나요?

4. 나폴레옹은 스노우볼을 내쫓기 위해 개들을 키우고 자신에게 복종하게 합니다. 스노우볼을 공격하고 많은 동물들에게 해를 끼친 개들은 죄가 있을까요, 없을까요?

5. 이 이야기 다음에 여러분이 다시 혁명을 일으킨다면, 동물들을 설득하기 위해 어떤 말을 하고 싶나요?

6. 학급의 반장에게 가장 필요한 조건은 무엇일까요? 한 사회의 리더는 어떤 점을 우선적으로 갖추어야 할지 생각해 보세요.

7. TV나 광고, 사람들의 말 중에 진실이 아닌데 교묘하게 나를 속인 것이 있는지 생각해 봅시다.

10

《노인과 바다》

✦ 이야기 고리 걸기

《노인과 바다》는 작가 헤밍웨이가 가장 오래 머물렀던 쿠바를 배경으로 합니다. 이름 그대로 한 노인이 바다에서 고기를 잡으며 일어나는 일을 그리고 있습니다.

84일 동안 고기를 낚지 못한 노인 산티아고가 여전히 희망을 품고 85일째 바다로 나갑니다. 홀로 바다로 나간 노인은 낚싯대의 움직임을 보고 엄청나게 크고 대단한 물고기가 잡혔음을 알아챕니다. 바로 청새치였지요. 물고기와의 한판 승부에서 이기기 위해 노인은 외로운 싸움을 시작합니다.

이 책은 크게 '노인이 바다로 가기 전-바다에서 청새치와의 한판 승부-상어와의 한판 승부-육지에 온 후'로 상황을 나눌 수 있습니다. 각 부분에서 어떤 일이 일어날지 상상해 보세요. 그리고 책을 읽으며 상상한 내용과 비교해 보세요.

노인은 청새치와의 싸움에서 이길 수 있을까요? 책을 읽으며 확인해 봅시다.

어네스트 밀러 헤밍웨이 Ernest Miller Hemingway

의사인 아버지와 음악가인 어머니 사이에서 태어난 미국의 작가 헤밍웨이는 강인하고 남성스러운 성격이었다고 합니다. 원래 기자였던 그는 이런 성격 탓에 1918년 제1차 세계대전에 참전하였고, 1936년에 일어난 스페인 내전에는 종군 기자(군대를 따라 전쟁터에 나가 전투 상황을 보도하는 기자)로 참여하기도 했습니다. 또 제2차 세계대전의 노르망디 상륙작전에도 참여했습니다. 매우 열정적이고 진취적인 사람이죠?

그는 나이가 들면서 늙고 병들어 가는 자신의 모습을 싫어했고, 정신병이 생겨 결국 자살로 생을 마감했습니다. 헤밍웨이의 죽기 전 마지막 작품이 바로 《노인과 바다》입니다. 주인공인 노인은 헤밍웨이가 쿠바에 머물 때 알고 지낸 어부에게 들은 실제 이야기를 바탕으로 만들어진 인물이라는 말도 있고, 헤밍웨이의 오랜 낚시 친구였던 그레고리오 푸엔테스를 모델로 했다는 말도 있습니다. 한편으로 헤밍웨이는 노인을 자신과 닮은 인물로 그려 내고 있기도 합니다.

이 책에는 실제 낚시꾼이었던 헤밍웨이의 삶이 담겨 있습니다. 힘든 인생을 이겨 내기 위해서는 강한 의지와 용기를 가지는 것이 중요하다는 메시지가 담겨 있어 더 의미가 크답니다.

헤밍웨이는 노벨문학상, 퓰리처상을 수상한 미국 문학사의 자랑스러운 작가입니다. 그의 대표적인 작품으로는《무기여 잘 있거라》《누구를 위하여 종은 울리나》등이 있습니다.

생각 고리 걸기

1. 소년은 고기를 잡지 못하는 노인을 왜 따랐을까요?

2. 84일 동안 아무것도 잡지 못한 노인이 85일째에도 바다로 나간 이유는 무엇일까요?

3. 산티아고는 왜 바다를 여성이라고 생각했을까요? 노인에게 바다는 어떤 곳이었을까요?

4. 산티아고가 꿈에서 만나는 사자는 그에게 어떤 의미를 가지고 있나요?

5. 노인 산티아고와 소년 마놀린은 어떤 관계일까요? 둘은 서로에 대해 어떻게 생각할까요?

6. 노인은 고기를 잡는 데 성공한 것일까요, 실패한 것일까요?

7. 이야기에서 청새치와 상어가 의미하는 것은 무엇일까요? 우리 인생에서 청새치와 상어 같은 것이 있는지 생각해 봅시다.

✦ 이야기 고리 걸기

여러분은 '변신'이라고 하면 무엇이 떠오르나요? 멋지고 아름다운 존재로 변신해서 내가 원하는 것을 이루는 상상을 하고 있나요? 슈퍼맨이나 원더우먼으로 변신해서 내 마음대로 사는 상상을 하면 기분이 좋아집니다. 하지만 이 책의 주인공 그레고르 잠자는 우리가 상상하는 것과 전혀 다른 존재로 변신합니다. 자고 일어났더니 한 마리의 벌레로 변해 버린 것입니다.

여러분이 벌레로 변했다면 어떤 기분일 것 같나요? 꿈인 줄 알았는데 현실임을 알게 된 그레고르 잠자는 좌절합니다. 그는 출장 영업사원으로, 회사에서 심한 스트레스를 받고 있었지만 집안의 생계를 책임지기 위해 성실하게 일하던 사람이었습니다. 자신이 벌레로 변해 버린 심각한 상황 속에서도 출장을 가지 못하는 것에 대해 불안해하는 주인공의 모습은 안타까움을 자아냅니다.

그레고르 잠자는 가족과 함께 살고 있습니다. 부모님과 여동생은 벌레로 변해 버린 주인공에게 어떤 반응을 보일까요? 책을

읽으며 벌레가 된 그레고르 잠자의 마음을 따라가 보고, 가족의
의미에 대해 생각해 보길 바랍니다.

✦ 작가 고리 걸기

프란츠 카프카 Franz Kafka

프란츠 카프카는 오스트리아-헝가리 제국령이었던, 지금의 체
코에서 태어난 소설가입니다. 독일어를 쓴 유대인으로 예술적
감각이 뛰어난 천재로 평가받기도 합니다. 부유한 유대인 상인
이었던 아버지에게서 태어난 카프카는 가부장적이고 권위적인
부친과 다르게 감수성이 풍부하고 몸이 약했습니다. 아들에게
기대가 컸던 아버지는 카프카를 그 당시 지배층이 사용하던 언
어인 독일어를 사용하는 학교에 보냈는데, 이는 카프카가 독일
어 소설을 쓰는 바탕이 됩니다.

문학을 전공하고 싶었지만 아버지의 뜻에 따라 법학을 전공
한 카프카는 틈틈이 습작을 하며 문학에 대한 꿈을 이어 나갔습
니다. 꾸준히 소설을 쓰던 그는 생전에《변신》《시골의사》등의
단편 소설을 발표했습니다. 또 인형을 잃어버리고 울고 있던 한
여자아이를 위해 여행을 떠난 인형이 보내는 편지라며 자신이
직접 쓴 편지를 전해 주었는데, 이것은《카프카와 인형의 여행》

으로 출판되어 우리에게 작가의 따뜻한 마음을 남겨 주고 있습니다.

하지만 안타깝게도 카프카는 마흔 살의 젊은 나이에 폐결핵으로 생을 마감하게 되었고, 친한 친구였던 막스 브로트가 카프카의 작품들을 책으로 출판하면서 그의 작품들이 세상에 나와 빛을 보게 되었습니다. 그가 세상에 남긴 생각들을 여러 작품으로 만나 봅시다.

생각 고리 걸기

1. 여러분이 잠에서 깨어났는데 벌레로 변해 버렸다면 어떤 마음일까요? 무엇을 하고 싶나요?

2. 가족은 서로 돕는 존재입니다. 서로에게 도움이 되지 않아도 가족으로서 사랑이 유지될 수 있다고 생각하나요?

3. 부모님의 건강이 갑자기 악화되어 일을 하지 못하게 된다면 나머지 가족들은 어떻게 해야 할까요? 가족 간의 진정한 사랑을 실천하기 위한 방법을 생각해 봅시다.

4. 내가 세상에 태어나 존재하는 이유는 무엇일까요?

5. 그레고르 잠자가 다시 인간이 된다면 그에게 어떻게 살라고 이야기해 주고 싶나요?

12 《셰익스피어 4대 비극》

✦ 이야기 고리 걸기

"사느냐 죽느냐, 그것이 문제로다."

너무나 유명한 말이죠?《햄릿》의 대사입니다.

어느 날 갑자기 만나게 된 아버지의 유령. 유령으로부터 전해 들은 아버지의 죽음을 둘러싼 음모와 배신으로 햄릿은 분노하게 되고 복수를 꿈꿉니다. 햄릿은 어떤 선택을 하게 될까요? 음모를 꾸미고 배신을 했던 사람들은 앞으로 어떻게 될까요?

셰익스피어의 4대 비극에는《햄릿》《오셀로》《리어왕》《맥베스》가 있습니다. 4대 비극의 나머지 이야기 모두 인간의 질투심, 인정받고 싶은 욕구, 복수심, 어리석음과 관련한 주제를 매우 흥미롭게 전합니다. 우리의 삶과 인간의 수많은 감정을 떠올리며 네 가지 색깔의 이야기를 읽어 보세요.

셰익스피어의 작품은 희극 대본의 형식인데, 대화로 이어지는 구성이 아이들에게 낯설어 이해하기 어려울 수 있다는 점에서 이를 이야기 형식으로 다듬어 나온 책이 있습니다. 바로《셰익스피어 이야기》입니다. 이것을 징검다리 책으로 읽어도 좋습니다. 하지만 셰익스피어의 진짜 매력을 느끼고 싶다면 희극 완역본에 꼭 도전해 보길 바랍니다.

✦ 작가 고리 걸기

윌리엄 셰익스피어 William Shakespeare

셰익스피어는 영국의 유명한 시인이자 극작가입니다. 부유한 상인의 집안에서 태어났지만 경제 사정이 어려워지면서 집안일을 돕기 위해 학교를 그만두었습니다. 열여덟 살의 나이에 여덟 살 연상인 앤 해서웨이라는 여성과 결혼하였는데, 이후 알 수 없는 이유로 방황하던 그는 런던으로 가게 됩니다.

그 당시 영국은 바다의 패권을 잡아 돈이 모여들고 있었기 때문에 사람들은 문화생활을 즐길 여유가 있었습니다. 배우로서의 삶을 시작한 셰익스피어는 틈틈이 희극 대본을 쓰기 시작했고 이를 발표하면서 관객들의 사랑을 받게 됩니다. 처음엔 희극을 주로 썼는데 안타깝게도 아들의 죽음 이후로 쓰는 작품의 분위기가 어두워졌으며 비극을 썼다고 합니다.

셰익스피어는 4대 비극 외에도《로미오와 줄리엣》《베니스의 상인》등 유명한 작품을 남겼습니다. 영국이 '인도와도 바꾸지 않겠다'고 할 정도로 셰익스피어는 영국의 자랑거리이며, 지금은 전 세계에서 인정받고 있습니다. 셰익스피어의 삶에 대해서는 많은 논란이 있습니다만 그가 남긴 작품은 지금도 많은 사랑을 받으며 세계 각지에서 공연되고 있습니다.

생각 고리 걸기 ✦✦

1. 우리의 인생에는 희극과 비극이 함께 있습니다. 둘 중 어떤 것이 더 많다고 생각하나요?

2. 여러분이 햄릿의 입장이라면, 아버지를 죽인 죄인과 어머니에게 어떻게 할 것인가요?

3. 복수를 위해 사람을 속이고 죽이는 행동은 과연 용서받을 수 있을까요?

4. 《오셀로》에서 인상 깊었던 등장인물을 떠올려 보고, 그 인물에게 해 주고 싶은 말을 생각해 보세요.

5. 《맥베스》의 마녀처럼 나를 나쁜 방향으로 유혹하는 것이 있나요? 어떻게 거기서 벗어날 수 있을까요?

6. 《리어왕》에서 리어왕의 딸 코델리아가 마음에 없는 말을 하지 않는 것에 대해 어떻게 생각하나요? 우리는 마음에 있는 것만 표현해야 할까요?

7. 여러분의 마음속에 좋지 않은 생각이 떠오를 때가 있나요? 어떻게 하면 그 생각을 좋은 생각으로 바꿀 수 있을까요?

《시튼 동물기》

✦ 이야기 고리 걸기

자연 속의 동물에 관심을 가져 본 적이 있나요? 대부분 문명화된 도시에 살고 있는 우리는 반려동물에 대한 관심은 많지만 진짜 야생동물들에 대한 관심과 지식은 상대적으로 부족합니다. 《시튼 동물기》는 시튼이 자연 속에서 동물을 직접 면밀하게 관찰하고 남긴 관찰기를 엮어서 편찬한 책이라고 합니다. 온전한 사실 관찰기라기보다는 소설적인 측면을 가미한 이야기라 더 재미있고 흥미진진합니다.

동물에게도 가족이 있고 감정이 있으며 그들만의 삶이 있습니다. 그들은 삶을 유지하기 위해 환경에 적응하고 적으로부터 자신을 보호하기 위해 촉각을 곤두세우며 다양한 생존 전략을 펼칩니다. 여러 가지 어려움을 겪으며 살아남기 위한 방법을 배우고 자신의 경험을 새끼들에게 전하기도 합니다. 우리의 삶과 많이 닮아 있지 않나요? 동물들의 삶 속에서 우리의 방식을 돌아볼 수도 있고 배울 점을 찾을 수도 있을 것입니다.

인간 또한 동물의 일부이고, 우리 모두는 자연의 일부입니다.

자연에 대한 이해는 우리 자신을 사랑하는 데 꼭 필요한 부분입니다. 환경오염과 무분별한 개발, 야생동물의 멸종 등의 문제를 가지고 있는 현대 사회에서 《시튼 동물기》는 동물에 대한 관심과 사랑을 불러일으킵니다. 책 속의 특별한 동물 이야기를 만나 보러 갑시다. 동물 사진을 인터넷이나 책에서 찾으면서 읽으면 더 좋습니다.

✦ 작가 고리 걸기

어니스트 톰프슨 시튼 Ernest Evan Thompson Seton

시튼은 영국의 스코틀랜드의 가문에서 태어났으며 어렸을 때 캐나다와 미국 국경이 마주하는 삼림지대의 자연 속에서 성장하며 자연을 가까이서 접했습니다. 이 어린 시절의 경험은 시튼에게 동물을 직접 관찰할 기회를 주었고 미술을 공부하면서 동물 그림을 전문적으로 그리는 데 큰 영향을 주었습니다.

동물 문학의 아버지라고 불리는 시튼은 동물학자이자 작가이며, 화가로서도 활동했습니다. 어릴 때부터 아메리카 원주민들과 가까이 교류하면서 그들이 차별 없이 보호받을 수 있도록 노력했으며 동물보호구역 확대와 자연 개발 저지를 주장했습니다. 동물학자이자 화가로서의 소질을 살려 책에 직접 동물을 섬세하게 그려 넣기도 했습니다.

스스로를 원주민 이름인 '검은 늑대Black Wolf'라고 불렀으며 늑대 발 모양의 사인을 했다고 합니다. 원주민 문화에 영향을 받은 미국 보이스카우트 협회를 만들기도 했습니다.

생각 고리 걸기 ✦✦

1. 《시튼 동물기》에 등장하는 동물 중 가장 기억에 남는 동물은 무엇인가요? 그 이유는 무엇인가요?

2. 인간이 야생동물을 없애는 것에 대해 어떻게 생각하나요? 그 이유는 무엇인가요?

3. 이 책은 시튼의 동물 관찰 기록을 엮었다는 의미에서 《시튼 동물기》라는 제목이 붙여졌습니다. 만약 여러분이 새로운 제목을 짓는다면 어떤 이름이 어울릴지 생각해 보세요.

4. 작가인 시튼은 동물에 대해 어떤 생각을 가지고 있는 것 같나요? 시튼의 행동을 통해 추측해 봅시다.

5. 시튼은 자연 속에서 동물들을 관찰했지만 우리는 이제 이 동물들을 동물원에서 만날 수 있습니다. 동물원 운영에 대한 찬반 의견 중 여러분은 어느 쪽인가요? 그 이유는 무엇인가요?

14 《나의 라임 오렌지 나무》

✦ 이야기 고리 걸기

여러분의 어린 시절은 어땠나요? 가족들과의 여행이나 즐거운 시간이 떠오를 수도 있고 부모님께 꾸중을 듣거나 힘들었던 사건이 떠오를 수도 있을 것입니다. 이 책의 주인공인 제제는 브라질의 가난한 집안에서 태어났어요. 브라질은 포르투갈의 식민지였던 나라로 빈부격차가 매우 컸답니다. 부자인 지배층은 대부분 포르투갈인이었고 나머지 인디언과 혼혈인 등은 피지배층으로 가난하게 살았어요.

제제는 다섯 살 아이로 부모님, 누나들, 형, 동생과 함께 살았어요. 사랑만 받아도 부족할 나이였음에도 제제는 짓궂은 장난과 어른들이 이해하지 못할 상상력 넘치는 행동들로 인해 학대를 받습니다. 그럼에도 순수한 마음과 사랑받고 싶은 욕구를 가지고 있었던 제제는 가족을 위해 나름의 노력을 하거나 자신을 믿어 준 선생님에게 마음을 전하기도 합니다.

그러던 어느 날 제제는 이사를 가게 되고 그 집에서 자신의 나무를 얻게 됩니다. 형과 누나의 나무에 비해 작고 보잘것없었지만 그 나무와 대화를 시작하게 되면서 나무는 제제에게 최고의 친구가 됩니다. 힘든 현실 속에서 아무에게도 마음을 말하지 못하던 제제는 이 오렌지 나무에게만은 솔직하게 자신의 마음을 털어놓게 되고 그 곁에서 편안함을 느낍니다.

그러던 어느 날 '뽀르뚜까' 아저씨를 만나게 되면서 제제의 인생은 바뀌게 됩니다. 사랑받지 못하고 힘든 삶을 살던 제제에게 어떤 일이 펼쳐질까요?

✦ 작가 고리 걸기

J.M. 바스콘셀로스 J. M. de Vasconcelos

바스콘셀로스는 브라질의 작가로《나의 라임 오렌지 나무》에 작가 자신의 이야기를 녹였다고 합니다. 제제처럼 작가는 매우 가난했습니다. 그래서 집안 사정 때문에 대학교를 다니다 학업을 포기하고 다양한 일을 하며 생계를 이어 갔습니다. 권투선수 트레이너, 바나나 배달꾼, 막노동꾼, 초등학교 교사 등의 일을 했는데 이러한 경험들은 다양한 글을 쓰는 데 밑바탕이 되었다고 합니다.

작품 활동을 시작하고 26년이 지난 1968년, 바스콘셀로스는《나의 라임 오렌지 나무》를 발표합니다. 자신의 가난하고 폭력으로 얼룩졌던 어린 시절을 제제의 성장 이야기 속에 담아 냈습니다. 작가는 이 책을 20여 년 동안 구상하고 딱 12일 만에 썼다고 하는데 참 대단하죠? 출간 이후 책은 엄청난 인기를 얻었고 브라질에서 가장 많이 팔린 책이 되었습니다. 또 세계 21개국에서 번역되며 지금까지 우리에게 읽히는 좋은 책으로 남아 있습니다.

그 이외에도 작가는 불행하고 힘든 삶을 사는 사람들의 이야기, 인디언의 생활에 대한 이야기를 글로 썼습니다. 대표적인 작품으로는 《성난 바나나》《광란자》《햇빛사냥》 등이 있습니다.

생각 고리 걸기

1. 만약 제제가 뽀르뚜까 아저씨의 아들로 자랐다면 어떻게 살았을까요?

2. 제제가 뽀르뚜까 아저씨를 만나지 않았다면 어떻게 되었을까요?

3. 여러분에게는 마음을 터놓고 의지할 수 있는 대상이 있나요?

4. 가난과 가정에서의 학대로 고통받는 제제에게 도움이 되는 이야기를 해 준다면 어떤 말을 하고 싶나요?

5. 제제가 오렌지 나무와 친구가 된 것처럼, 사람이 사물이나 동물, 식물과 친구가 될 수 있다고 생각하나요? 이유는 무엇인가요?

6. 철이 들었다는 것은 어떻게 알 수 있을까요? 사람은 언제 철이 든다고 생각하나요?

7. 제제는 뽀르뚜까 아저씨의 사랑 덕분에 자신이 사랑을 나누는 사람이 되었다고 했습니다. 여러분은 누군가의 사랑 덕분에 변화를 경험한 적이 있나요?

8. 우정이란 무엇일까요? 어른과 우정을 나눌 수 있다고 생각하나요?

15 《아라비안나이트》

✦ 이야기 고리 걸기

고대 페르시아의 총명한 왕에게는 두 명의 아들이 있었습니다. 샤리야르와 샤스난이었는데 둘 다 품성이 좋고 서로 우애가 깊었다고 합니다. 형인 샤리야르가 왕위를 잇고 10년 뒤, 형은 동생이 보고 싶어 샤스난을 자신의 궁으로 초대했습니다. 형을 만나기 위해 길을 떠나려던 샤스난은 사랑하는 아내를 한 번 더 보러 자신의 궁에 돌아갔다가 아내가 적과 함께 자신을 배신할 음모를 꾸미는 것을 목격하고 둘을 죽이게 됩니다. 샤스난은 분노와 슬픔을 가득 품은 채 샤리야르의 궁전으로 갑니다.

형 샤리야르가 사냥을 간 동안 샤스난은 우연히 황비가 다른 사람들과 함께 반역의 음모를 꾸미는 것을 목격하게 됩니다. 이를 형에게 알리자 샤리야르는 분노하며 황비와 공모자들을 처형합니다. 이를 계기로 왕은 여자에 대한 불신을 갖게 되어 앞으로는 여자들과 결혼 후 하룻밤만 지내면 다음 날 죽이기로 결심하고 실행합니다.

여러 여성들의 잔혹한 죽음이 이어지던 어느 날, 재상의 딸인

셰에라자드는 자신이 왕과 결혼을 하겠다고 나섭니다. 아버지의 반대를 무릅쓰고 결혼을 하게 된 셰에라자드는 황제의 잔인한 행동을 멈추기 위해 꾀를 냅니다. 바로 재미있는 이야기를 들려주는 것입니다. 그 이야기가 이 책에 담겨 있습니다. 셰에라자드의 이야기는 천일 동안 계속되었기 때문에 '천일야화'라고 합니다. 어떤 이야기가 있는지 궁금하지 않나요?

우리가 많이 알고 있는 〈알리바바와 40인의 도둑〉 〈신밧드의 모험〉 〈알라딘〉은 모두 이 천일야화 중의 하나입니다. 우리와 다른 문화와 생활 방식을 가지고 있는 이슬람이 배경이지만 사람 간의 관계, 사람의 심리와 생각들은 비슷하답니다. 재미있는 이야기들로 가득한 《아라비안나이트》 천일야화 속으로 들어가 봅시다.

✦ 작가 고리 걸기

《아라비안나이트》는 아랍 지역을 배경으로 하는 이야기들로, 작가가 알려져 있지 않습니다. 우리나라의 전래동화처럼 사람들의 입에서 입으로 전해 내려오는 구전이라 할 수 있어요. 구전 이야기는 말하는 사람에 따라 내용이 변하기도 하고 새로운 내용이 덧붙여지기도 하면서 조금씩 달라진답니다.

이슬람교를 믿는 아랍인들이 7~13세기에 세운 제국을 이슬람 제국이라고 해요. 이슬람 제국의 수도였던 '바그다드'는 동서 문화가 교류하여 번성한 곳이었어요. 특히 《아라비안나이트》의 배경이 된 시대는 바그다드의 전성기였답니다. 지금 바그다드는 이라크의 수도예요. 혹시 메소포타미아 문명을 들어 본 적이 있나요? 4대 고대 문명지 중 하나지요. 메소포타미아 문명은 유프라테스강과 티그리스강 주변에서 형성되었는데, 그 중심에 바그다드가 자리 잡고 있습니다. 《아라비안나이트》를 읽으면 많은 상인이 바그다드에 모이는 것을 확인할 수 있을 거예요.

이슬람은 하나님(알라)을 믿는 종교로 하나님 이외의 다른 신은 없다고 생각하며 무함마드를 신의 사도(전령)로 여깁니다. 이슬람을 믿는 사람들을 '무슬림'이라고 부르는데 무슬림은 기독교의 성경책처럼 쿠란이라는 책을 읽고 외웁니다. 이슬람교는 기독교, 힌두교, 불교와 함께 세계 4대 종교로 여겨지는 큰 종교예요. 이야기 속에 등장하는 '칼리프'라는 단어도 생소할 텐데 칼리프는 이슬람 제국의 최고 통치자로서 종교와 정치 등 모든 일을 관장하는 사람을 말해요. 이러한 이슬람 문화를 알고 있으면 더 재미있고 깊이 있게 《아라비안나이트》를 읽을 수 있을 것입니다.

1.우리나라와 아랍 지역의 이야기를 비교해 보고 비슷한 점과 다른 점을 찾아보세요.

2.이야기 중 가장 재미있었던 에피소드는 무엇인가요? 그 이유는 무엇인가요?

3.등장인물 중 가장 인상 깊었던 사람은 누구인가요? 직접 만나 보고 싶은 사람이 있나요?

4.〈알리바바와 40인의 도둑〉에서 도둑의 비밀을 알고 동굴에 들어가 물건을 훔쳐 온 동생의 행동에 대해 어떻게 생각하나요?

5.〈알라딘〉 이야기처럼 소원을 들어주는 요술램프를 얻게 된다면 무엇을 하고 싶나요?

6.여러분이 페르시아의 왕 샤리야르와 결혼해야 한다고 상상해 봅시다. 어떻게 왕에게서 살아남을 수 있을까요? 셰에라자드와는 다른 방법을 생각해 봅시다.

7.이 책의 배경인 페르시아 제국은 지금의 이란입니다. 페르시아는 서양에서 이란 민족을 뜻한다고 해요. 이란을 지도에서 찾아보고 어떤 특징이 있는지 살펴보세요.

16   《80일간의 세계 일주》

✦ 이야기 고리 걸기

영국에 필리어스 포그라는 신사가 혼자 살고 있었습니다. 그는 매우 계획적인 생활을 했고 자신만의 규칙에 따라 예외 없이 행동하는 인물이었어요. 그는 '혁신클럽'이라는 곳의 회원이었는데 그곳 회원들과 휘스트라는 카드놀이를 즐겨 했습니다.

어느 날, 영국은행에서 5만 5,000파운드라는 거액의 지폐 뭉치를 도둑맞는 사건이 벌어집니다. 포그는 사람들과 모여 이 사건에 대해 이야기하게 되지요. 그런데 대화는 다른 주제로 번져 포그는 세계를 한 바퀴 도는 데 80일이면 충분하다는 주장을 하게 되고 다른 사람들과 내기를 걸게 됩니다. 그들은 이 내기에 거액의 돈을 걸었고 포그는 하인인 파스파루트와 함께 내기에서 이기기 위해 세계 일주를 시작합니다. 그런데 이때 은행 도둑의 인상착의와 같다는 이유로 포그는 범인으로 의심을 받고 형사 픽스의 추격을 받습니다.

영국의 런던에서 출발해서 인도, 홍콩, 일본, 미국을 거쳐 다시 런던까지 돌아오는 일정을 칼같이 계산한 필리어스 포그. 그의 계산대로 과연 80일간의 세계 일주는 성공할 수 있을까요? 그리고 정말 필리어스 포그는 은행 도난 사건의 범인일까요? 이 책을 읽으며 여러분도 필리어스 포그와 함께 세계여행을 떠나 봅시다. 세계 지도를 꼭 준비해서 함께 보세요.

✦ 작가 고리 걸기

쥘 베른Jules Verne

쥘 베른은 1828년에 프랑스의 항구도시인 낭트에서 태어났습니다. 낭트는 그 당시 해외 무역이 활발하던 도시였어요. 해운업과 무역업에 종사하는 외가와 법률가 가문인 친가 집안에서 태어난 쥘 베른은 바다와 배를 통해 갈 수 있는 타지에 대한 호기심이 많았다고 해요.

법학도로서 공부하던 쥘 베른은 문학의 길을 걷기로 하고 희극, 소설 등을 써 나갔습니다. 1862년에 기구를 타고 아프리카를 탐험하는 이야기를 쓴 쥘 베른은 에첼이라는 출판업자를 만나 계약을 하면서 소설가로서의 삶을 시작하게 되었고 '경이驚異의 여행' 시리즈로 크게 성공하게 됩니다. 제목처럼 알려지지 않은 미지의 세계를 탐험하는 모험 여행 시리즈로, 지리뿐만 아니라 동물과 식물, 천문학에 대한 지식이 녹아 있다고 합니다.

그 시리즈 중 하나가 《80일간의 세계 일주》예요. 과학의 발달로 지구의 시공간적인 거리가 줄었다는 것을 80일이라는 단어로 표현한 쥘 베른. 책을 읽으며 냉정하고 기계 같지만 남을 돕는 따뜻한 인물인 필리어스 포그를 만나 보세요.

생각 고리 걸기

1. 필리어스 포그는 어떤 성격의 사람인가요? 내 성격과의 공통점과 차이점을 찾아봅시다.

2. 필리어스 포그 일행이 들른 나라와 겪은 일 중 가장 기억에 남는 부분은 어디인가요? 그 이유도 함께 써 봅시다.

3. 방학에 세계여행을 한다면 누구와, 어느 나라에 가 보고 싶나요? 가서 무엇을 하고 싶나요?

4. 자신의 의견이 옳다는 것에 많은 재산을 걸고 내기를 하는 것에 대해 어떻게 생각하나요?

5. 필리어스 포그 일행이 세계 일주 과정에서 우리나라에 들렀다면 어떤 것을 구경했을까요? 그리고 어떤 일을 겪을까요? 상상해서 써 봅시다.

6. 여러분이 필리어스 포그가 세계 일주 중 겪은 일을 똑같이 겪는다면 어떨까요? 여행을 하는 필리어스 포그의 속마음은 어땠을까요?

《어린 왕자》

✦ 이야기 고리 걸기

여러분이 비행사로 사막에 불시착하여 누군가를 만나게 된다면 어떨 것 같나요? 이 책은 한 비행사가 사하라 사막에 불시착하여 한 소년을 만나게 되는 이야기로 시작됩니다. 그 소년은 자신에게 특별한 의미를 지닌 장미꽃을 자기 별에 두고 여행하던 어린 왕자였지요. 어린 왕자는 비행사에게 양 한 마리를 그려 달라고 부탁합니다. 하지만 비행사가 그려 준 양을 마음에 들어하지 않아요. 그러다가 비행사가 귀찮아서 상자를 그려 주자 마음에 들어 하며 만족스러워합니다. 이렇게 어린 왕자와의 대화가 시작되었고, 비행사는 어린 왕자가 살던 별과 여기까지 오면서 거친 별들에 대한 이야기를 듣습니다.

어린 왕자는 사막에서 5,000송이의 장미꽃과 여우를 만나게 됩니다. 이 과정에서 관계의 의미와 길들인다는 것의 의미에 대해 고민합니다.

《어린 왕자》는 동화이지만 그 속에 여러 가지 풍자를 담고 있어 많은 생각을 하게 만드는 책입니다. 책을 읽으며 B-612 별에서 온 어린 왕자의 이야기를 만나 봅시다.

✦ 작가 고리 걸기

앙투안 드 생텍쥐페리Antoine Marie Roger De Saint Exupery

우리는 생텍쥐페리의 삶을 이해할 때 비로소《어린 왕자》의 이
야기에 불이 켜지고 자신의 삶과 관계의 의미에 대해 돌아볼 수
있습니다.

생텍쥐페리는 프랑스 귀족 집안에서 태어나 어린 시절 아버
지와 동생 프랑수아의 죽음을 경험합니다. 그림 그리는 것을 좋
아했던 생텍쥐페리는 여섯 살에 그림 한 장을 그리는데, 그것이
바로《어린 왕자》에 담긴 '코끼리를 삼킨 보아 구렁이'입니다.
그림을 이해하지 못하는 여느 어른들과는 달리 처음으로 그림
을 이해해 준 어린 왕자는 작가에게 특별한 의미를 가질 수밖에
없습니다.

생텍쥐페리는 하늘을 나는 꿈을 가지고 있었습니다. 군대에
입대한 뒤 비행기를 수리하는 일을 하다가 조종사 자격증까지
땄습니다. 그는 약혼녀가 비행을 반대했음에도 민간 항공 회사
에 근무하며 우편 비행 일을 계속했다고 합니다. 야간 비행을 한
경험을 토대로《야간 비행》이라는 책을 쓰기도 했습니다. 또 우

편 비행 회사에서 일하면서 파리와 사이공 사이를 비행하다가 리비아 사막에서 추락해 목숨을 잃을 뻔 하기도 했습니다. 이런 생텍쥐페리의 경험들이 《어린 왕자》 속에 녹아 있습니다. 《어린 왕자》가 사막에서 비행기가 고장 나 난감한 상황에 처한 '나'의 이야기로 시작하는 것처럼 책은 작가의 삶과 많은 부분에서 닮아 있습니다.

제2차 세계대전이 시작되자 전시 조종사로 참여하던 생텍쥐페리는 44세가 되던 해에 정찰 비행에 나갔다가 실종되었습니다. 이후 그가 남긴 책들인 《인간의 대지》 《야간비행》 《남방 우편기》 《어린 왕자》 등이 많은 나라에서 지금까지 오랫동안 사랑받으며 우리에게 전해지고 있습니다.

작가는 《어린 왕자》 속 그림을 직접 그리기도 했습니다. 미술학교에서 건축학을 공부했을 때의 그림 실력이 뒷받침되었던 덕분입니다. 또 그는 조종사로 활동하면서도 쉬지 않고 책을 읽은 독서광이었다고 합니다. 독서로 다진 지식과 지혜는 작가의 글에 여실히 나타납니다.

《어린 왕자》에서 명대사로 꼽히는 문장도 작가 생텍쥐페리의 생각을 그대로 담고 있습니다. 어른이 되어도 어린이처럼 순수한 삶을 살고 싶었던 작가의 주옥같은 대사들이 인상적입니다.

생각 고리 걸기 ✦ ✦

1. 여러분은 이야기 속 비행사의 그림을 보고 무엇이라고 생각했나요? 비행사의 그림을 정확히 알아봐 준 어린 왕자처럼 내 마음을 잘 알아주는 사람을 만난다면 어떤 기분이 들까요?

2. 어린 왕자가 여행 중 만난 사람들 중 가장 인상적인 사람은 누구인가요? 그 이유는 무엇인가요?

3. '어른들이란 정말이지 알 수가 없어'라는 글귀와 관련하여, 어른의 말과 행동을 이해할 수 없어 난감했던 경험이 있나요? 어떤 상황에서 어떤 생각이 들었는지 구체적으로 써 봅시다.

4. 여러분이 사막에서 길을 잃은 비행사로 어린 왕자를 만난다면 어떤 이야기를 나누고 싶나요? 어떤 것을 함께 하고 싶나요?

5. '어른들은 누구나 처음엔 어린이였다. 그러나 그것을 기억하는 어른은 많지 않다'라는 글귀와 관련하여, 어린이가 어른이 되면서 달라지는 것은 무엇이라고 생각하나요?

6. 우주 어딘가에 나의 행성이 있다면 어떤 모습일까요? 그곳에는 어떤 사람이 살고 있을 것 같나요?

18 《빨간 머리 앤》

✦ 이야기 고리 걸기

아무리 책을 많이 읽지 않은 사람이라도 《빨간 머리 앤》은 한 번 쯤 들어 봤을 것입니다. 만화와 여러 가지 굿즈로도 탄생한 작품 이기 때문입니다. 빨간색 머리와 주근깨 있는 얼굴이지만 밝고 명랑한 표정을 한 앤은 보기만 해도 기분이 좋아집니다.

앤은 고아원에서 자란 열한 살의 아이입니다. 작은 시골 마을인 에이번리에 살던 매슈 커스버트와와 마릴라 커스버트 남매는 나이가 들어 농장 일을 도울 남자아이를 입양하려 했으나 착오로 인해 여자아이가 오게 되었고 고민하다 결국 앤을 입양 하게 됩니다. 부모님을 여의고 여러 집을 오가다 처음으로 안정된 집에서 생활하게 된 앤은 에이번리에서 새로운 인생을 시작합니다.

앤은 호기심이 많고 감수성이 풍부한 아이였습니다. 실수투성이였지만 자연 하나하나에 이름을 붙이길 좋아했고 상상력이 풍부했으며 주변 사람들을 끌어당기는 매력이 있었습니다. 자녀를 키워 본 적이 없는 매슈와 마릴라는 앤을 키우는 것이 쉽지 않았지만 앤을 통해 진정한 사랑에 대해 배우고 인생의 즐거움을 느끼게 됩니다.

어려운 환경 속에서도 꿈과 희망을 잃지 않고 꿋꿋하게 노력하는 소녀에게 어떤 일들이 벌어질까요? 지금부터 앤이 성장하는 과정 속으로 들어가 봅시다.

✦ 작가 고리 걸기

루시 모드 몽고메리 Lucy Maud Montgomery

루시 모드 몽고메리는 캐나다의 여성 소설가입니다. 태어난 지 21개월 만에 어머니가 돌아가셨고, 아버지가 재혼하면서 캐번디시에 사는 조부모에게 맡겨졌습니다. 빨간 머리 앤처럼 시골 마을에서 외롭게 자랐던 작가의 경험들이 책에 녹아 있을지도 모르겠습니다. 작가는 앤처럼 시골에 살며 풍부한 감수성을 키웠고 지역 신문에 시를 발표하며 작가로서 성장해 갔습니다. 교사로서 일했던 점도 앤과 닮아 있습니다.

작가가 살던 시기는 산업화가 진행되던 때였습니다. 남성과 여성이 평등하지 않아 여성에게는 선거권이 없었고 사회에서 능력을 펼칠 기회도 적었습니다. 그러한 어려운 상황에서도 따뜻하고 풍부한 감성을 지니며 밝게 성장해 가는 앤의 모습이 많은 사람에게 꿈과 희망을 주었을 것입니다.

　몽고메리는 성실한 작가로 꾸준히 작품 활동을 했는데, 단편
소설과 시 각 500편, 장편소설 20권을 썼다고 합니다. 작가는 우
연히 이웃 독신 남매의 집에 어린 조카딸이 와서 사는 것을 보고
이를 모티브로 《빨간 머리 앤》을 썼다고 합니다. 처음에는 여러
출판사에게 외면당했지만 출간된 이후 전 세계에서 인정받는
고전이 되었습니다.

생각 고리 걸기 ✦✦

1. 앤의 성격은 어떤 것 같나요? 여러분은 앤의 어떤 점을 배
   우고 싶나요? 이유와 함께 써 봅시다.

2. 앤과 다이애나는 서로에게 소중한 친구가 되어 줍니다.
   친구와 소중한 관계를 맺기 위해서는 어떤 노력이 필요할
   까요?

3. 여러분은 자신의 이름이 마음에 드나요? 자신의 이름을
   '코딜리아'라고 불러 주길 원한 앤에 대해 어떻게 생각하
   나요?

4. 실수투성이었던 앤은 크면서 점차 성숙한 모습을 보입니
   다. 앤이 멋지게 성장하는 데 도움을 준 것은 무엇일까요?
   나의 성장에 도움을 주었던 사람이나 경험이 있나요?

✦ 이야기 고리 걸기

《정글북》은 동물을 주인공으로 한 일곱 편의 단편을 묶은 책입니다. 그중에 세 개의 단편이 우리가 알고 있는 늑대 소년 모글리가 등장하는 《정글북》의 이야기입니다. 이 이야기는 인도의 정글을 배경으로 합니다.

한 정글에 라마와 라쿠샤라는 늑대 부부가 살고 있었습니다. 늑대 부부는 떠돌이 들개인 타바키로부터 뱅골 호랑이인 시어칸이 사냥터를 옮겨 늑대 부부가 사는 곳에 왔다는 소식을 듣습니다. 시어칸은 절름발이 호랑이였는데, 정글의 법칙을 지키지 않아 다들 그를 싫어했습니다. 어느 날 밤 시어칸은 사냥을 하다 한 인간 부부를 공격하게 되고 그 과정에서 인간 부부의 아기가 늑대 부부의 굴 속으로 들어오는 사건이 벌어집니다.

인간의 아기를 처음 본 늑대 부부는 매끈한 피부를 가진 아이를 개구리라는 뜻의 '모글리'로 부르고 키우기로 합니다. 며칠 뒤, 인간의 아기를 늑대 사회에 받아들일 수 있을지에 대한 회의가 열렸고, 논의 끝에 모글리는 곰 발루와 표범 바기라 등의 도움으로 정글의 일원이 됩니다. 정글의 법칙을 하나씩 배워 나가는 모글리. 모글리에게 어떤 일이 벌어질까요? 아이는 엄마 아빠의 품으로 다시 돌아갈 수 있을까요?

✦ 작가 고리 걸기

조지프 러디어드 키플링Joseph Rudyard Kipling

영국 수상을 배출한 가문 출신인 러디어드 키플링은 인도의 뭄바이에서 태어났습니다. 아버지는 인도 뭄바이의 미술관 관장이었고 어머니는 삽화가였다고 합니다.

여러 인종의 사람들이 모여 다양한 문화가 공존하는 인도에서의 생활과 영국 가문에서의 영향이 어우러져 작가는 창의적인 아이디어가 돋보이는 작품들을 많이 발표했습니다. 《정글북》도 그런 작품 중의 하나죠. 키플링은 유색인종과 미개한 야만인들에게 백인들의 유럽 문명을 전파해야 한다고 생각했는데 이런 생각들은 작품에서도 묻어납니다.

러디어드 키플링은 새로운 세계를 배경으로 한 신선한 이야기들로 인정받았고, 그 결과 최연소 노벨문학상 수상 작가가 됩니다. 대표적인 작품으로는 《코끼리 투마이》《7대양》《다섯 국가》 등이 있습니다.

생각 고리 걸기 ✦✦

1. 모글리는 늑대 부부의 품 안에서 늑대의 젖을 먹으며 자랍니다. 인간이 늑대의 젖을 먹고 자랄 수 있을까요? 인간이 동물 무리에서 함께 살 수 있을까요?

2. 모글리는 인간의 가족일까요, 늑대의 가족일까요? 모글리는 자신이 인간과 늑대 중 어느 쪽이라고 생각했을까요?

3. 시어칸이 죽고 난 뒤 정글은 어떻게 되었을까요?

4. 모글리는 시어칸을 죽이고 왜 정글을 떠났을까요? 정글을 떠나는 모글리의 마음은 어땠을까요?

5. 정글의 법칙 중 인간이 배워야 할 것은 무엇이라고 생각하나요?

6. 인간 세상에 간 모글리를 사람들은 이상하게 여기고 받아 주지 않습니다. 여러분이 모글리라면 어떤 마음이었을지, 그 상황에서 어떻게 했을지 생각해 봅시다.

7. 실제로 동물에 의해 양육된 사람이 있을까요? 인터넷으로 검색해 찾아보고 이야기 나눠 보세요.

8. 일곱 개의 단편에 등장하는 동물 이야기 중 가장 인상 깊었던 편은 무엇인가요? 이유도 함께 써 봅시다.

20 《프랑켄슈타인》

✦ 이야기 고리 걸기

로버트 월튼은 작가로서 실패하면서 어릴 적 꿈을 이루기 위해 배를 타고 북극 탐험에 나섭니다. 탐험을 하면서, 이전에 아무도 이루지 못한 새로운 과학적 발견을 할 수 있을 거라 기대하며 누나 마거릿에게 편지를 씁니다. 자신의 생각, 자신이 보고 들은 것, 만난 사람에 대한 이야기를 편지에 적던 월튼은, 북극에서 우연히 빅터 프랑켄슈타인이라는 몸이 아픈 남자를 만납니다. 오랜 탐험으로 외로움을 느꼈던 월튼은 그와 친구로 지내고 싶은 마음에 아픈 남자를 정성껏 돌봅니다. 그러면서 그가 겪은 일에 대해 듣게 되는데, 그 충격적인 이야기를 누나에게 편지로 남깁니다. 그 이야기가 바로 프랑켄슈타인 이야기입니다.

빅터 프랑켄슈타인은 부유하고 화목한 가정에서 자라 매사에 호기심과 열정이 강했습니다. 연금술을 우연히 접한 빅터는 이내 연금술 이론에 집착하게 되었고, 대학에서 화학을 비롯한 과학 분야에 눈을 떠 해당 분야에서 크게 성장합니다. 생명의 비밀을 연구하는 데 몰두하던 빅터는 마침내 새로운 기술을 개발

하고 그 기술로 실제 생명체를 만들기 위해 밤낮으로 연구하며 실험합니다. 그 결과 인간과는 다른 새로운 생명체가 탄생했습니다. 과연 이 생명체는 프랑켄슈타인의 운명을 어떻게 바꿔 놓을까요?

✦ 작가 고리 걸기

메리 셸리 Mary Wollstonecraft Shelley

메리 셸리는 영국의 여성 소설가입니다. 정치철학자인 아버지 윌리엄 고드윈과 여성 권리 운동가였던 어머니 메리 울스턴크래프트 사이에서 태어났어요. 어머니가 일찍 돌아가셔서 아버지 손에 자라면서 여러 부분에서 영향을 많이 받았다고 해요. 그러다 아버지의 정치적 추종자였던 퍼시 비시 셸리와 사랑에 빠졌고, 나중에 그의 부인이 죽자 그와 결혼했어요.

1816년 부부는 시인이었던 바이런 경卿과 의사인 존 폴리도리, 셸리의 의붓자매인 클레어 클레어몽과 함께 스위스 제네바 근방에서 여름을 보내면서 친구가 되었어요. 다섯 사람은 무료함에서 벗어나고자 무서운 이야기를 각자 써 보기로 하는데, 이때 함께 글을 쓰면서 셸리는 《프랑켄슈타인》을 구상하게 됩니다. 이 당시 메리 셸리는 열여덟 살이었어요. 어린 나이에 이런 이야기를 상상하다니, 놀랍죠? 셸리는 남편의 적극적인 응원에 힘입어 이야기를 완성했다고 해요.

작가는 《프랑켄슈타인》을 1818년에 익명으로 출판했다가 1831년에 본명으로 다시 출간했어요. 셸리가 스물한 살에 완성하여 대성공을 거둔 책이자 최초의 SF소설로서 가치를 인정받는 책이랍니다. 프랑켄슈타인은 원래 이야기 속의 과학자 이름이지만 우리에게는 괴물의 이름처럼 알려져 있기도 합니다.

생각 고리 걸기

1. 과학기술이 발전했을 때의 좋은 점과 나쁜 점은 무엇일까요?

2. 여러분이 생명을 만들 수 있다면 어떤 존재를 만들고 싶나요? 상상해 보고 특징을 써 봅시다.

3. 프랑켄슈타인이 괴물의 부탁을 들어 새로운 생명을 또 만들었다면 어떤 일이 벌어졌을까요?

4. 작품 속 괴물은 앞으로 어떻게 살까요? 뒷이야기를 상상해 봅시다.

5. 자신을 만든 창조주와 인간들에게 외면당한 괴물의 마음은 어땠을까요?

끝까지 파고드는 아이를 위한 초등 6년 독서 로드맵

요즘 초등생을 위한
최소한의 고전수업

1판 1쇄 인쇄 2024년 5월 22일
1판 1쇄 발행 2024년 6월 19일

지은이 김민아
펴낸이 고병욱

기획편집2실장 김순란 **책임편집** 조상희 **기획편집** 권민성 김지수
마케팅 이일권 함석영 황혜리 복다은 **디자인** 공희 백은주
제작 김기창 **관리** 주동은 **총무** 노재경 송민진 서대원

펴낸곳 청림출판(주)
등록 제2023-000081호

본사 04799 서울시 성동구 아차산로17길 49 1009, 1010호 청림출판(주)
제2사옥 10881 경기도 파주시 회동길 173 청림아트스페이스
전화 02-546-4341 **팩스** 02-546-8053

홈페이지 www.chungrim.com **이메일** life@chungrim.com
인스타그램 @ch_daily_mom **블로그** blog.naver.com/chungrimlife
페이스북 www.facebook.com/chungrimlife

ⓒ 김민아, 2024

ISBN 979-11-93842-05-8 03370